臺灣歷史與文化 研究輯刊

五 編

第 14 冊

謝春木及其作品研究

賴婉蓉 著

花木蘭文化出版社

國家圖書館出版品預行編目資料

謝春木及其作品研究／賴婉蓉 著 — 初版 — 新北市：花木蘭
文化出版社，2014〔民103〕
目 2+170 面：19×26 公分
（臺灣歷史與文化研究輯刊 五編：第 14 冊）
ISBN：978-986-322-646-8（精裝）
1. 謝春木　2. 臺灣文學　3. 文學評論
733.08　　　　　　　　　　　　　　　　　103001767

ISBN-978-986-322-646-8

臺灣歷史與文化研究輯刊
五　編　第十四冊　　　　　　　ISBN：978-986-322-646-8

謝春木及其作品研究

作　　者　賴婉蓉
總 編 輯　杜潔祥
副總編輯　楊嘉樂
編　　輯　許郁翎
出　　版　花木蘭文化出版社
社　　長　高小娟
聯絡地址　235 新北市中和區中安街七二號十三樓
　　　　　電話：02-2923-1455 ／傳真：02-2923-1452
網　　址　http://www.huamulan.tw 信箱 hml810518@gmail.com
印　　刷　普羅文化出版廣告事業
初　　版　2014 年 3 月
定　　價　五編 24 冊（精裝）新台幣 48,000 元

謝春木及其作品研究

賴婉蓉　著

作者簡介

賴婉蓉，1985 年生，現任國立中壢家商國文老師。畢業於國立台灣師範大學台灣文化及語言文學研究所、國文系。曾獲中華發展基金會獎助研究生赴大陸地區研究獎學金、師鐸文學獎學金、師大紅樓文學獎、師大台灣人文研究獎。發表過論文〈瓊瑤小說的母職實踐與浪漫愛：以《月朦朧鳥朦朧》為主要分析〉、〈蔡素芬《鹽田兒女》中的女性情愛經驗及其對台灣文學領域的拓展〉，與報導文學〈藍海絲路領航鯨——楊國宇棉紡外銷傳奇〉。

提　　要

　　謝春木（1902～1969）成長於臺灣新文學運動，並站到第一線從事抗日啟蒙運動與政治運動，以蔣渭水秘書、臺灣革命同盟會領導、國際問題研究主任與中國駐日代表團團員等身份活躍於政治界，以新聞人、評論家與作家身份活躍於文化界。因其特殊的生平際遇，而接受左翼、共產等思想的洗禮，在他的心海中不時激盪著階級抗爭與民族認同的浪花，其堅定不改的左翼立場與始終關懷底層人民的心態，而成為一個社會世代的知識分子典型，實在值得研究。

　　1920 年代，謝春木創作文學來實踐文化啟蒙運動的精神，除了廣為人知小說〈彼女は何処へ〉與新詩〈詩の真似する〉外，他也創作新劇劇本〈政治家は國を我物と思ふ〉與遊記《新興中國見聞記》。此篇發表在《臺灣新民報》的新劇劇本，不同以往該報刊登的劇本場景，不再是家庭中的客廳、臥室，而是農工大眾受日本殖民壓迫的歷史現場，並藉由人物對話隱喻謝氏自身逐漸深化的土地意識；1929 年 5 月遊歷中國而寫作之遊記，展現謝春木這位擁有臺日經驗的旅人，首次踏上中國的土地，在面對繁華的上海租界地、充滿中國漢族原鄉味的南京與江南，還是滿洲鐵遍布的東北，都能清楚辨析各國所帶來的畸形的資本主義與現代化，並在字裡行間，流露出當時某種典型知識分子的民族與文化認同處境——具有漢民族意識，並期待中國可以如日本般現代化的「臺灣人」。

　　時政評論，則是謝春木至戰後仍持續不輟撰寫的文類。他所關心的社會議題，舉凡教育、政治與經濟皆有論及，而其思想亦隨動盪的時代逐漸轉變。本文除了重新蒐整謝春木零星散見於報刊雜誌的評論，亦尋獲其生平相關史料，以補足前人研究之細節。從 1920 年代到 1940 年代，為謝春木最具政治、文學生命力的三十年，他在作家、文化運動家、記者、論客到政治人物等身份不斷置換，本文回歸至其文學創作與時政評論，期待重新思索一個特殊知識分子的時代意義。

目
次

第一章　緒　論

第一節　問題意識與研究目的

　　翻開臺灣新文學的首頁，很難不提到謝春木。謝春木，1902 年，彰化芳苑人，1921 年以優異的成績自臺北師範學校〔註1〕畢業，離開臺灣前進東京。1922 年 7 月以「追風」之筆名，在《臺灣》上發表〈彼女は何處へ〉（〈她將往何處去〉），1924 年 4 月發表〈詩の眞似する〉（〈詩的模仿〉）組詩，包含〈番王を讚美する〉、〈石炭を稱へる〉、〈戀は成長する〉、〈花咲く前〉（〈讚美番王〉、〈煤炭頌〉、〈戀愛將茁壯〉、〈花開之前〉）〔註2〕，都是臺灣新文學史初期階段的代表作品，大部份研究者對謝春木的小說與新詩皆有高度讚揚。

　　1925 年 3 月謝春木歸臺擔任《臺灣民報》編輯，11 月轉任臺北分社記者兼營業部主任，此後他以《臺灣民報》爲舞臺，逐漸展開他的論客生涯。1930 年與 1931 年先後在臺灣出版《臺灣人は斯く觀る》（《臺灣人如是觀》）與《臺灣人の要求》（《臺灣人的要求》）〔註3〕兩本時政評論著述集。

　　《臺灣人は斯く觀る》分爲兩個單元，第一單元是主題「臺灣人如是觀」，以一個臺灣人的角度，對現實社會的各項議題提出討論，收錄部分他曾在《臺灣民報》發表過的文章，以探討政治議題者最多，亦有不乏涉及教育、法律

〔註 1〕 前身爲國語學校，1919 年改名。謝春木於 1917 年入學，1921 年畢業。
〔註 2〕 出處見附表一「謝春木之作品目錄」。
〔註 3〕 謝春木：《臺灣人は斯く觀る》，臺灣民報社，1930 年 1 月；《臺灣人の要求》，臺灣民報社，1931 年 9 月。日後中譯本爲謝南光著，郭平坦校訂：《謝南光著作選（上）（下）》，臺北：海峽學術，1999 年 2 月。

與經濟與農工問題〔註4〕，其中夾錄一篇日文兩幕劇劇本〈政治家は國を我物と思ふ〉（〈國有財產即我家財產〉），經筆者調查此劇本曾刊登於 1929 年 9 月 1 日《臺灣民報》日文欄，但當時並未屬名謝春木或追風。第二單元則是「新興中國見聞記」，1929 年 5 月民眾黨第三次黨大會召開前，謝春木經由日本前往大陸旅遊，期間代表民眾黨參加孫文改葬南京中山陵的儀式，6 月 2 日謝春木尚未結束他的旅程，即在《臺灣民報》上不定期連載〈旅人の眼鏡〉，至同年 12 月 1 日共 20 篇遊記形式的報導文學〔註5〕。其間 6 月 16 日至 7 月 7 日則插入連載〈孫總理奉安拜觀記（一）〉共 4 篇。

《臺灣人の要求》則是臺灣社會運動十年的成績單，從「同化會」、「啟發會」、「新民會」談起，談到臺灣議會設置請願運動、文化協會、農民組合、民眾黨、工友總聯盟等，可以說是臺灣自 1920 年至 1931 年之間的社會實錄與社運史。由於謝春木既是當事者，又是媒體工作者，更是一個觀察敏銳、分析細密犀利的「觀察家」，因此該論述可說是相當重要的一手史料。

關於謝春木赴中之去向，研究者何義麟爬梳：1931 年 12 月 11 日，謝春木自基隆經福州馬尾，16 日抵達上海，最初居住在公共租界的四川路，1932 年臨近的北四川路，爆發上海一二八事變後，他自辦「華聯通訊社」，經營方針為提供批判日本的新聞稿，並改名「謝南光〔註6〕」。之後通訊社因發布過多醜化批評日本軍部的新聞，受到日本方面的壓力，不得不軟化，但此便失去國民政府的信賴，購買通訊社新聞稿也大幅減少，為此 1935 年 5 月通訊社創辦一份週刊雜誌《中外論壇》〔註7〕；隨後謝春木又被中國方面視為日本間諜，到了 8 月國民黨黨市部向法國租界警察要求逮捕謝春木，罪名是中共黨員，後來由「紅幫有力人士」保釋。1937 年抗戰爆發前，謝春木在廣東軍人楊贊的協助下創辦《時代智識》雜誌，內容激烈批評日本對外侵略政策。

二戰期間，謝春木於重慶與福建等地活動，1944 年在重慶出版《日本主義的沒落》，娓娓道來自己多年對「日本主義」之觀察，鼓舞抗戰軍民的士氣

〔註4〕 出處見附表一「謝春木之作品目錄」。
〔註5〕 經筆者整理成附表一「謝春木之作品目錄」。
〔註6〕 由何義麟在 1932 年 10 月 1 日、11 月 15 日的《自強月刊》（1 卷 1 期、2 期，上海：救國週報社）上，挖掘屬名謝南光之評論〈九一八事變後日本之概觀〉。
〔註7〕 經筆者調查，《中外論壇》由上海中外論壇社發行，自 1935 年 5 月 9 日到 1936 年 6 月 27 日，以週刊形式發行共八期，報導中外外交軍事關係的時事評論。中國國家圖書館館藏 1～3、5～8 期。

〔註 8〕。戰後謝春木由王芃生安排進入「盟軍對日委員會中國代表團」，1946
年 4 月搭機前往日本東京工作，6 月回中國上海，9 月 7 日謝春木返臺兩週，
期間似乎由《民報》編輯人員接待，有不少對謝氏詳細的行程報導。在演講
會和接受記者採訪時，謝氏不斷強調民主政治的重要。離臺不久，民報印書
館即為謝春木出書，書名《敗戰後日本眞相》，該書共五篇文章，前三篇介紹
戰後日本及對日新政策，第四篇是謝南光曾刊載於《臺灣民聲報》與《政經
報》的〈光明普照下的臺灣〉一文，然而標題已改為〈光明臺灣的出路〉。第
五篇是謝南光回臺，以「為民主政治而奮鬥」為題之演講稿，但標題卻改為
〈臺灣人苦悶的解決策——救亡之道唯在民主第一〉〔註 9〕。直至 1947 年 2
月爆發二二八事件之前，1 月 5 日謝春木還在《民報》上發表〈民主與建設〉
一文，關心臺灣時政，而言論也從委婉轉為激烈，開始正面批評陳儀政府。
謝春木在日本銀座發表〈中共的力量來自何處〉的演講，據說國民黨聞此，
計畫要綁架逮捕謝春木，而謝春木則輾轉經由香港回到大陸福建，並在福建
擔任對臺廣播工作〔註 10〕。1959 年他被選為第二屆全國人民代表大會華僑代
表。1967 年文革開始，謝春木由於擔任對日外交要職，受到中共的保護。1969
年 7 月 26 日，謝春木因心臟病在北京去世，結束了他從事抗日運動到中日友
好運動的一生〔註 11〕。

謝春木成長於臺灣新文學運動，並站到第一線從事抗日啓蒙運動與政治
運動，以蔣渭水秘書、臺灣革命同盟會領導、國際問題研究主任與中國駐日
代表團團員等身份活躍於政治界，以新聞人、評論家與作家身份活躍於文化
界。因特殊的生平際遇，而接受左翼、共產等思想的洗禮，在他的心海中不
時激盪著階級抗爭與民族認同的浪花。隨著近年海峽兩岸爭相挖掘與整理臺
灣研究史料，筆者認為若在前人的研究基礎上，重新填補新興史料，再次討
論謝春木，或許將更完整且全面地理解謝春木及其作品。本論文擬運用所蒐
集的新出土史料，探究謝春木及其作品，以下說明問題意識，並歸納研究目
的：

〔註 8〕 謝南光：《日本主義的沒落》，臺北：國民圖書，1944 年 1 月 1 日。後收於謝
　　　　南光著，郭平坦校訂《謝南光著作選（下）》，臺北：海峽學術，1999 年 2 月。
〔註 9〕 謝南光：《敗戰後日本眞相》，臺北：民報印書館，1946 年 10 月 10 日。1952
　　　　年 5 月；
〔註 10〕 木下一郎：〈謝南光（春木）氏の足跡〉，《日中》4 卷 9 期，1974 年，頁 62。
〔註 11〕 何義麟：〈被遺忘的半山——謝南光（下）〉，《臺灣史料研究》第 4 號，1994
　　　　年 7 月，頁 125〜130。

　　一直以來，不少針對謝氏小說與新詩的評論研究，在眾多研究中，鮮少有人針對謝春木於1928年創作的新劇劇本〈政治家は國を我物と思ふ〉與1929年初入中國大陸的遊記〈新興中國見聞記〉深入探討。

　　二林事件等土地問題的爆發，為謝氏指引一條回臺從事文化啓蒙運動的道路，直到1920年代後期，文化協會分裂，他與蔣渭水等人另組臺灣民眾黨，並站在農工運動的第一線，認清臺灣總督府土地政策，進而創作新劇劇本〈政治家は國を我物と思ふ〉。筆者認為藉由分析此篇劇本，搭配謝春木當時的評論、政治與文化活動，並爬梳《臺灣民報》體系所刊登的新劇劇本，除探討謝氏逐漸深化的土地意識外，更能凸顯此劇在臺灣新文學史上的意義。另外，此與謝春木先前創作的小說與新詩，雖是不同文類，但主題是否有相關性，或是呈現謝春木所關心的社會議題之轉變，仍值得深入討論。

　　擁有臺日經驗的旅人謝春木，首次踏上中國的土地，寫下遊記〈新興中國見聞記〉。筆者以為，此次中國經驗在謝春木心中產生了認同與排拒、疑惑與省思，此行對日後他毅然決然赴中抗日必然有關，另外對照時人之中國遊記，來看待「祖國」一詞，在臺灣旅行文學中是如何被描述，以凸顯此篇遊記在臺灣文學史上的意義。

　　時政評論，則是謝春木至戰後仍持續不輟撰寫的文類。他所關心的議題廣泛，其思想亦隨動盪的時代逐漸轉變，本文在謝春木生前即出版三本作品集：《臺灣人は斯く觀る》、《臺灣人の要求》與《日本主義的沒落》之基礎上，企圖重新蒐整謝春木零星散見於報刊雜誌的評論，及其生平相關史料，以補足前人研究之細節。從1920年代到1940年代，為謝春木最具政治、文學生命力的三十年，他在作家、文化運動家、記者、論客到政治人物等身份不斷置換，本文回歸至其文學創作與時政評論，期待重新思索一個特殊知識分子的時代意義。

第二節　文獻回顧與檢討

一、生平、時政評論與思想研究

　　有關謝春木生平與思想，以研究者何義麟碩士論文〈臺灣知識人における植民地解放と祖國復帰──謝南光の人物とその思想を中心として〉及其

專著《跨越國境線：近代臺灣去殖民化之歷程》最具代表性〔註 12〕。研究者何義麟以殖民地知識分子認同內涵及其流變爲關注核心，爬梳謝春木自日本返臺從事新聞媒體工作與政治文化運動、渡海赴中到戰後初期的行蹤，並將謝春木置於大時代國際情勢的脈絡下進行討論，探討身爲「祖國派」健將的謝春木，在日本／臺灣、臺灣／中國、戰前／戰後等不同歷史處境中，對臺灣、中國前途，以及亞洲相關問題的種種思考，堪稱學界首次對謝春木生平、思想與活動進行完整探討的扎實論述。

　　研究者何義麟引用謝秋涵的回憶，但考證謝秋涵對謝春木出生地的說法，言其出生地爲當時的「臺中州北斗郡沙山庄路上厝」，以今日行政區域而言，屬於彰化縣芳苑鄉，2000 年同是芳苑人的康原於〈臺灣新文學的實驗者謝春木先生〉考證，謝春木出生地爲現今「彰化縣芳苑鄉路上村平上巷九號〔註 13〕」。

　　筆者蒐得多筆珍貴資料：於國家圖書館尋獲謝春木家族族譜《寶樹堂謝氏閣族譜（臺灣彰化）》〔註14〕；於臺北師範學校（今國立臺北教育大學）尋獲謝春木的學籍資料及成績單；於亞洲歷史資料中心數位典藏網站，搜索日本外交史料館資料；於國史館找到軍事委員會侍從室蒐整的〈謝南光〉資料袋〔註 15〕，其中有許多謝春木自填或軍委會調查員所填的人事資料表，亦有謝春木相關剪報，最珍貴者是謝春木於 1943 年於中國參加「中央訓練團」的學員自傳，其中內容雖有可能爲避國民政府調查而僞作，卻是目前唯一出自謝南光親筆撰寫的自傳式文章，仍具參考價值。

　　除前述評論集外，筆者重新調查《臺灣民報》體系雜誌，發現仍有不少評論未收入兩本著述集，並赴中國地毯式調查謝氏評論，尋獲謝氏 1935 年於上海創辦《中外論壇》（第 1～3、5～8 期）。筆者試圖運用以上文獻史料與研究成果，釐清謝春木生平細節，與文化、政治活動歷程。

〔註12〕何義麟：〈臺灣知識人における植民地解放と祖國復歸——謝南光の人物とその思想を中心として〉，東京：東京大學總合文化研究科國際關係論修士學位論文，1993 年 3 月。論文精華中譯爲〈被遺忘的半山——謝南光（上）（下）〉，《臺灣史料研究》第 3、4 號，1994 年 2、7 月。何義麟：《跨越國境線：近代臺灣去殖民化之歷程》，臺北：稻鄉，2006 年 1 月。

〔註13〕康原：〈臺灣新文學的實驗者謝春木先生〉，《國立中央圖書館臺灣分館館刊》6 卷 4 期，2000 年 6 月，頁 114。

〔註14〕謝森林：《寶樹堂謝氏閣族譜（臺灣彰化）》，美國猶他州鹽城湖：美國猶他家譜學會複製，2004 年，頁 154。

〔註15〕國史館館藏：〈129000021884A・軍事委員會侍從室・謝南光〉。

二、文學作品研究

（一）小說與新詩相關研究

與謝氏小說〈彼女は何處へ〉相關學位論文，有 2001 年 2 月，研究者柳書琴〈帝都的憂鬱：謝春木的變調之旅〉〔註 16〕，運用謝氏小說進行思索，論述謝春木 1921 年「前進東京」的動機與「到東京之後」的思想軌跡，他認為：「東京留學初期是謝春木抗日思想的成長期」，之後柳書琴研究朝往王白淵、巫永福等《福爾摩沙》文藝集團方向，故沒有再討論謝春木回臺後的思想軌跡。1923 年到 1925 年連續三年謝氏參與支持東京留學生暑期返臺的文化演說團，1925 年離日前夕，他對殖民統治的自覺已相當成熟，不論是殖民政治的封建本土，都被他視為必須解除的桎梏，所以他又返回臺灣，從事文化抗日活動。

2002 年，研究者陳秋櫻〈民族主義的性別意涵——以日據時代的臺灣島內民族主義為例〉〔註 17〕運用日據小說來闡釋臺灣民族主義中的性別意涵，將謝春木〈彼女は何處へ〉等小說中的女性主人翁形象，詮釋為「反殖民男性菁英建構我群認同過程中利用女性的手段與象徵意涵」，也就是說謝春木真正要問的是：臺灣該往何處去？不過此研究主要是探討政治學為主，故對文本的細部分析也著墨較少。

2006 年，研究者陳允元〈島都與帝都——二、三〇年代臺灣小說的都市圖象（1922～1937）〉〔註 18〕試圖建構出二、三〇年代臺灣新文學都市書寫的發展脈絡，他運用謝春木〈彼女は何處へ〉與鷗〈可怕的沉默〉來闡釋臺灣知識分子前進日本東京帝都的現代性追求，這與柳書琴的思考方向大致雷同。

2007 年，研究者張雅惠〈賴明弘及其作品研究〉〔註 19〕也提到〈彼女は何處へ〉對現代性追求、都市圖像、女性主角等關鍵要素，不過他從「左翼

〔註 16〕柳書琴：〈帝都的憂鬱：謝春木的變調之旅〉，《臺灣文學學報》第 2 期，2001年 2 月。後收錄為其著作《荊棘之道：臺灣旅日青年的文學活動與文化抗爭》之第二章第一節。第四章第一節有以謝春木《新興中國見聞記》對照王白淵後來的發展與詩作。

〔註 17〕陳秋櫻：〈民族主義的性別意涵——以日據時代的臺灣島內民族主義為例〉，中山大學政治所碩士論文，2002 年。

〔註 18〕陳允元：〈島都與帝都——二、三〇年代臺灣小說的都市圖象（1922～1937）〉，臺灣大學臺灣文學所，2006 年。

〔註 19〕張雅惠：〈賴明弘及其作品研究〉，臺灣師範大學臺灣文化及語言文學研究所碩士論文，2007 年。

文本」的概念切入，更有脈絡地探討謝春木小說對臺灣小說發展的影響。他將柳書琴對謝春木思想的疑問深化一個文學史的疑問：這些小說中的女性在前進東京之後呢？於是他運用賴明弘的作品試圖回應這個疑問，此研究足見謝春木對臺灣新文學之影響力。

至於新詩方面，1989 年研究者陳千武〈臺灣新詩的演變〉〔註20〕文中聲稱謝春木〈詩の眞似する〉四首組詩「內容和主題都不同，形成了臺灣新詩的四種原型」、「可以說臺灣新詩是以這種原型延續下來發展的，光復前的詩已有知性與抒情之分」，他歸類出四種原型：「一、對專制統制予以側面的諷刺、揶愉與潛意識的抵抗；二、表現現代思想與傳統封建習俗的衝擊，提出了批評；三、愛必須孕育才能得到幸福的啓示；四、以內在精神與外界景象巧妙的配合。」姑且不論臺灣新詩是否眞爲此四種原型，然其給予這四首新詩各別的簡短評語，後世研究者的分析也大多與此無異。

2000 年 3 月，研究者呂興昌於彰化縣二林國小演講〈謝春木與臺灣新文學的發軔〉〔註21〕特別講解謝春木這四首新詩。他先用臺語朗讀，並解說臺語讀音的特色之美，再分析這四首新詩，他認爲〈番王を讚美する〉比賴和還要早在文學作品中展現尊重原住民的思想，抗議日本政府對臺灣的強行占領，〈石炭を稱へる〉則是讚揚那些爲臺灣，不惜犧牲自己性命的鬥士，批判日本政府對臺灣人民的殘忍；〈戀は成長する〉則是展現人與人交往，所展現的那種正面的心靈能量，是愛的付出，〈花咲く前〉則是隱喻臺灣抗日的精神，臺灣人獲得自由平等的期待，代表一種希望。

2006 年 8 月，研究者蕭水順〈謝春木：臺灣新詩的肇基者──細論追風與臺灣新詩的終極導向〉〔註22〕則將謝春木四首新詩，分析歸類爲「戀愛」主題（〈戀は成長する〉、〈花咲く前〉）、「土地」主題（〈番王を讚美する〉、〈石炭を稱へる〉）。三位對文本分析自然精妙，且替臺灣詩史豎立某種「根源」、某種「精神」，讓臺灣詩史的系譜有一種脈絡可循。

綜合以上所述，筆者推論謝春木的土地意識在東京時期逐漸萌芽，因二

〔註20〕陳千武：〈臺灣新詩的演變〉，鄭炯明編：《臺灣精神的崛起──「笠」詩論選集》，高雄：文學界雜誌，1989 年，頁 99～115。

〔註21〕檢索自賴和紀念館：http://cls.hs.yzu.edu.tw/laihe/C1/c12_011cd.htm，檢索日期：2009 年 2 月 18 日。

〔註22〕蕭水順：〈謝春木：臺灣新詩的肇基者──細論追風與臺灣新詩的終極導向〉，《彰化文獻》第 7 期，2006 年 8 月，頁 47～60。

林事件歸臺後，擔任記者工作、參與政治活動，進而催促他不斷思索臺灣人的土地問題，從 1929 年謝春木的新劇劇本〈政治家は國を我物と思ふ〉反映出日本總督府與財閥對臺灣自然林業、勞工階級的剝削，反映寫實諷刺的氛圍，呈現當時謝氏眼中臺灣的土地、階級與民族問題。然而促使謝春木「前進中國」最關鍵之處，應該還是要從他第一次到訪中國的遊記來看。一般人認為蔣渭水去逝、臺灣民眾黨解散與臺灣總督府的監控，是造成謝春木赴中的主因，但在此之前謝春木曾兩次到訪中國，也許透過遊記裡的蛛絲馬跡，可知他內心早已萌生，催促他赴中抗日的「漢族認同」。

　　根據研究者陳允元對謝氏小說的分析運用，也讓筆者思索：謝春木小說中臺灣島都──臺北的描述篇幅比重頗高，謝春木創作戀愛題材的小說，反映出日據時期臺北男女「在父母之允許下有限度的」自由戀愛、約會的場景，而這些場景的描繪，召喚都市男女對自由戀愛的憧憬，除此之外，在創作這篇小說時，謝春木的土地意識，或者說其對於「國土」的概念，是朝東京帝都的方向「向北延伸」，因此在小說中不時將「臺北」與「東京」互換書寫，並鼓吹東京自由戀愛與女子受教之美好。而在 1929 年《新興中國見聞記》的寫作策略，也能看見「臺灣」（臺北）與「祖國」的相互比較，其中或許企圖將「國土」的概念「向西延伸」。這部遊記的創作時間點，與 1932 年「前進中國」抗日的謝春木，以及戰後 1952 年在日本辭去代表團工作，前往北京投共的謝春木，三者身份和心境自然不同。這個時間點之重要，在於謝春木自此對中國大陸的認識逐漸轉變，日後他也因時勢遭遇，而不斷修正他的民族認同。

（二）新劇劇本與遊記相關研究

　　目前並無學位論文或是單篇論文，對謝春木的劇本作細部分析研究。針對臺灣新劇的研究並不多，如研究者呂訴上的《臺灣電影戲劇史》〔註 23〕是其總結二十餘年從事從事藝術與寫作工作的經驗所作，其中臺灣新劇史佔一部份。此書敘述臺灣各個劇種的發展過程，雖是研究臺灣電影戲劇史的重要史料，但全書所錄內容之出處標示不明。如研究者邱坤良的《舊劇與新劇：日治時期臺灣戲劇之研究（1985～1945）》〔註 24〕對日據時期戲劇作一嚴謹探

〔註23〕呂訴上：《臺灣電影戲劇史》，臺北：銀華，1961 年 9 月。
〔註24〕邱坤良：《舊劇與新劇：日治時期臺灣戲劇之研究（1985～1945）》，臺北：自立晚報，1994 年 7 月。

討，針對社會運動中的新劇活動作探討，但這兩本書皆訴諸實際搬演的新劇，並未提到日據時期報刊雜誌刊登劇本之情況，更別說提及謝氏之劇本。筆者將調查《臺灣民報》體系所刊登之新劇劇本〔註25〕，並運用以上文獻史料與研究成果，分析謝氏劇本在臺灣文學史與新劇史之意義。

關於謝氏之遊記則只有 2007 年 11 月，研究者朱雙一〈從旅行（居）文學看彰化作家的民族認同和現代性接受——以日本和中國大陸經驗爲中心〉〔註26〕，其中一節探討謝氏之遊記，指出謝春木對「殖民現代性」的認識，謝春木目睹上海租界因資本主義而出現的一些「現代化」現象，然而卻很清楚這個現代化是畸形的。由此可見，謝春木對於「現代化」兼具接受和反思兩種面向。研究者朱雙一所言甚是，但謝春木在《新興中國見聞記》明言：

> 從一方面看，中國革命也是在向機械文明挺進，它蕩滌著封建社會的汙泥濁水，同時也爲新的生產關係而煩惱。從另一方面看，又是對機械文明的抗議。這兩者之間看上去似乎有很大矛盾，但事實上並非如此。現在中國機械文明的發展，幾乎控制在外國人手裡，因而，嚴重制約著後進國中國的發展。這也是作爲革命手段進行總罷工和抵制外貨，作爲有力的戰術而使用的原因所在。外國人能允許中國的機械文明發展到什麼起步（按：地步）？這是對華政策的重點，也關係著是否誘發第二次世界大戰〔註27〕。

細究這段文字，謝春木似乎將中國視爲一個具能動性的主體，而非如臺灣是個全然的殖民地，他稱中國爲「半殖民地」，事實也是如此。另外，謝春木不只遊覽上海華東地區，也輾轉經青島走水路，至大連乘滿鐵，進入東北滿州國踏查，深入了解日本在華勢力，有助於他在 1930 年代赴中的抗日活動發展。回歸到這部遊記創作時間點，臺灣民眾黨左傾逐漸明顯，與中國接觸頻繁，又在蔣渭水逝世之前，這個時間點之重要性，在於謝春木自此對中國大陸的認識逐漸成熟，亦在文中明言自己的政治理想，從此足見他戰後政治認同轉向之端倪。本文試圖探討此遊記的出遊動機、路線、途中交往人物與出版情

〔註25〕經筆者整理爲附錄二「《臺灣民報》體系所載劇本一覽」。
〔註26〕朱雙一：〈從旅行（居）文學看彰化作家的民族認同和現代性接受——以日本和中國大陸經驗爲中心〉，林明德主編：《彰化文學大論述》，臺北：五南，2007年 11 月 30 日，頁 507～13。
〔註27〕謝南光：《謝南光著作選（上）》，臺北：海峽學術，1999 年 2 月，頁 259。

形〔註 28〕，再討論此遊記透過中、日、臺三地的狀況比較，展現作者所流露的民族認同與政治理想。

第三節　研究方法

本論文主要爬梳謝春木生平，分析時政評論所論議題與文學作品的互文關係，並將文學作品置於臺灣新文學運動中的位置，討論謝春木作品之時代意義。以實證研究爲主，用「史的」觀照方式，以報刊雜誌、日本領事館報告、國史館軍事委員會報告、公文書等重要史料與社會運動與文學作品研究成果，追尋謝春木的活動蹤跡與作品，另外謝春木常接觸的同時代友人，亦是筆者欲關注之對象。在先行研究的基石上，將文獻資料納入詮釋作品，嘗試勾勒謝春木其人及其作品，於 1920 年代至戰後臺、日、中三地，所呈現的特殊意義。

第四節　章節篇目與概要

除緒論說明研究目的與文獻回顧，與第五章總結謝氏其人與文化活動的時代意義之外，章節概要擬定如下：

第二章、追尋謝春木：其文化與政治活動歷程：追尋謝春木的歷史身影，細究其家庭背景、求學過程與抗日運動等過程。1920 年代《臺灣青年》開啓殖民地啓蒙運動，歷經 20 年代中期頻仍的土地問題，讓政治運動兼具民族與階級面相，到 1930 年代蔣渭水病逝與臺灣民眾黨解散，有的知識青年選擇在臺灣從事普羅文化運動，有的知識青年則選擇「間接射擊」，前往大陸抗日，後者正好反映在謝春木身上，以此凸出青年謝春木的時代青年形象。1940 年代東亞國際情勢，隨著二戰逐漸白熱化，使原本在中國零星分布的臺灣人抗日團體，在國民黨的抗日戰線下統一迎戰，戰後陳儀政府的貪腐，以及抗日團體的派系鬥爭，分化終戰前繫的團結，而爲這些台籍人士帶來殺機，最後導致如謝春木者政治認同的轉向。

第三章、謝春木跨時／地的文化抗日與思想傳播：謝春木從讀者身份、投稿到參與文化啓蒙活動，最後加入《臺灣民報》體系擔任編輯記者，自此

〔註 28〕 經筆者整理爲附錄三「謝春木《新興中國見聞記》所記交往人物列表」。

展開他的論客生涯。1920 年代謝春木身兼蔣渭水秘書，在臺灣文化協會、臺灣民眾黨與各地農工運動都能看見他的身影，體現日治時期臺灣文學與政治、社會密不可分的關聯。1930 年代謝春木赴中抗日後，仍寫作不輟，然捨棄文學的隱喻，創辦華聯通訊社與《中外論壇》等多份刊物，專執針砭時政的評論之筆。1940 年代終戰前夕，謝春木擔任軍事委員會國際問題研究所秘書長，並與其他在重慶之臺籍人士，擔任《東南海》雜誌主筆，亦投稿至各個報刊雜誌，戰後往來中日臺三地，因此他的評論反映出鮮明真切的國際經驗，亦可藉此推敲謝春木國族認同轉向之軌跡。本章主要論述謝春木日治時期至戰後初期重要的政治、文化活動，並從中解讀謝春木跨時兼跨地之思想。

　　第四章、新劇〈政治家は國を我物と思〉、遊記〈新興中國見聞記〉詮釋：謝春木於 1920 年代實驗多種文類，關心議題從自由戀愛、婦女教育，朝向土地議題邁進，朝且 1920 年代後期他赴中祭悼孫中山，隨後臺灣的政治現實，讓謝氏正視自己的民族認同。日前幾乎無人深入探討謝氏新劇劇本與中國遊記。筆者嘗試分析謝氏如何將其土地思索帶入劇本，並將此劇置放在臺灣新劇史、社會運動史與《臺灣民報》場域的脈絡之中，呈現此劇之時代意義；將謝氏中國遊記置放在日治臺人赴大陸遊記的文學史脈絡下，分析謝春木至中國旅遊之動機、路線與遊記發表過程，並分析遊記的觀察與再現，討論謝春木此時的身份認同。

第二章　追尋謝春木：其文化與政治活動歷程

第一節　童年與在臺求學（1902～1921）

一、家庭背景

　　親友對於謝春木的描述，應該首推謝春木的親密友人王白淵。王白淵於戰後 1946 年發表〈我的回憶錄〉提到：「謝春木，也就是後日的謝南光」、「他的鄉里和我的地方不遠」與「他因爲父親早已逝世的關係，曾受旁邊種種的冷遇」〔註 1〕。其次則是謝春木與第二任妻子湖南籍的嚴恩綺，於 1945 年在重慶出生的女兒謝秋涵〔註 2〕，在 1985 年發表〈我的父親謝南光〉回憶：

　　　　我的父親謝南光（原名謝春木），光緒 28 年（1902 年）農曆正月初
　　　　六生於臺灣彰化二林鎮路上厝。祖父謝滇是一個正直、愛國的知識
　　　　分子，曾考上秀才，卻因拒絕向考官納貢而榜上無名，結果布衣終
　　　　生。他開了一個中藥鋪，經常爲窮苦的鄉親義務診病、施藥。甲午
　　　　戰爭失敗後，臺灣割讓給日本，從此祖父長年悲憤鬱悶，正值壯年，

〔註 1〕　王白淵：〈我的回憶錄〉從 1945 年 11 月 10 日到 1946 年 1 月 10 日，分四部
　　　　份發表在《政經報》，後收錄王白淵，陳才崑譯：《荊棘的道路》，彰化：彰化
　　　　縣立文化中心，1995 年，頁 254。
〔註 2〕　郭曉珺：〈歲月無聲人有情──專訪謝秋涵女士〉，《臺聲》12 期，2004 年，
　　　　頁 62～63。

卻心臟病突發，於一夜之間離開了人世。這時父親僅僅四歲。我的祖母吳桂蘭是一個佃農的女兒，24 歲守寡，一個人茹苦含辛把年幼的父親帶大。祖母十分善良，又非常堅強。她對父親喜愛非常，但是要求又十分嚴格。父親從小在私塾讀書，後來進入二林公學校。他聰明、好學，求知慾非常強，而且待人誠懇，受到老師和同學的喜愛。1917 年父親以第一名的成績考入臺北國語學校。〔註3〕

學界方面，則有 1989 年研究者莊永明〈寫下臺灣新文學史〉提到：「謝春木，筆名追風，彰化北斗郡沙山人，1902 年生，日本東京高等師範學校畢業〔註4〕」；1991 年研究者張恆豪〈追風及其小說〈她要往何處去〉〉卻說：「謝春木，1902 年 11 月 18 日，出生於臺中縣北斗區芳苑鄉〔註5〕」，從以上訊息透：謝春木，1902 年出生，筆名追風，後易名爲謝南光，其父早逝，成績優異等訊息，但是對於出生時、地的說法，卻眾說紛紜。

後來學界較採信的說法，是謝春木出生於「明治 35 年 11 月 18 日」。翻開謝森林所整理《寶樹堂謝氏閣族譜（臺灣彰化）》〔註6〕，也是記載謝春木生於明治壬寅（1902）年 11 月 18 日。然而謝秋涵所稱農曆 1 月 6 日（國曆 2 月 13 日），查證軍事委員會侍從室〈謝南光〉人事登記卷〔註7〕，1943 年 4 月 10 日謝春木自填表，自填出生日期爲民國前 10（1901）年 1 月，更可證實謝春木眞實的出生日期，而學界所知的明治 35 年 11 月 18 日，應係早期臺人「晚報戶口」的習慣而致。

至於出生地，研究者何義麟引用謝秋涵的回憶，考證謝春木出生地爲「臺中州北斗郡沙山庄路上厝」，研究者康原則以現今行政區域描述謝氏出生地「彰化縣芳苑鄉路上村平上巷九號〔註8〕」。筆者調查謝氏於臺北師範學校的

〔註3〕 謝秋涵：〈我的父親謝南光〉，《不能遺忘的名單——臺灣抗日英雄榜》，臺北：海峽學術，2001 年 12 月，頁 82。
〔註4〕 莊永明：〈寫下臺灣新文學史〉，《臺灣紀事（下）》，臺北：時報，1989 年，頁 964～965。
〔註5〕 張恆豪：〈追風及其小說〈她要往何處去〉〉，《國文天地》7 卷 5 期，1991 年 10 月，頁 40～44。
〔註6〕 謝森林：《寶樹堂謝氏閣族譜（臺灣彰化）》，美國猶他州鹽城湖：美國猶他家譜學會複製，2004 年，頁 154。
〔註7〕 國史館館藏：〈129000021884A·軍事委員會侍從室·謝南光〉。
〔註8〕 康原：〈臺灣新文學的實驗者謝春木先生〉，《國立中央圖書館臺灣分館館刊》6 卷 4 期，2000 年 6 月，頁 114。

生徒學籍簿登記，記錄謝春木出生地：「臺中廳深耕堡路上厝 259 番地」。切確來說，謝春木出生時的戶籍地址應如其生徒學籍簿所登記，而 1920 年 7 月臺灣總督田健治郎推行地方自治，才將現今的芳苑鄉隸屬臺中州北斗郡沙山庄〔註9〕。

　　關於謝春木的家族描述，研究者康原〈芳苑才子——謝春木〉〔註10〕透過田野調查，描述謝春木的家族：

> 謝南睿（1815～1875）是謝姓從中國來臺的第四代，住於路上厝，
> 勤於經商做買賣，精通會計，為人謙虛又彬彬有禮，平日熱心公益，
> 又經常濟助貧困人家。在那個年代裡，他關心子女的教育，而本人
> 又尊師重道，待人和藹可親，當時的人相信「積善之家慶有餘」，都
> 說謝南睿一定會擁有可以光宗耀祖的賢能子孫。
>
> 謝南睿生下了謝邦沛、謝邦專（1850～1912）與謝邦塤（1853～
> 1914），謝邦專繼承其父事業，從事經商，經營油、米、糖、豆等買
> 賣。他經營的手法比父親謝南睿有過之而無不及。其產業頗大，受
> 清朝政府封為國子監，光耀門楣。邦專晚年又回家鄉擔任公職，為
> 鄉民服務，謝邦塤專心在家讀書，一心一意想考秀才。而謝邦塤生
> 下謝悅（1895～1990）、謝春木兩位兒子；謝悅生於書香世家，很早
> 就接受啟蒙教育，從臺北師範畢業後，就返鄉服務，先後任職於路
> 上公學校校長、二林國民學校校長、二林初級農校校長，終身奉獻
> 於教育〔註11〕。

研究者康原從彰化陳再得先生訪得一首〈謝南光之歌〉，以七字仔歌詳述謝春木參與文化協會的社會運動始末，並說起二林事件的情況，可見謝春木在二林地區之名氣。從族譜所提供的訊息，發現謝秋涵、研究者康原等人的說法仍有幾點待討論。第一、謝春木之父親，族譜記載為謝邦塤，「塤」、「滇」二字形似，故「滇」有可能是謝邦塤的字號，而非名字。謝邦塤有一妻二妾，妻洪罔娘無生育，因此育有兩位螟蛉子謝嘉與謝綵，謝綵英年早逝，大正甲子（1924）年去世，得年二十四。族譜記載謝嘉又名日新，因此謝春木進入

〔註 9〕魏金絨：《芳苑鄉志‧歷史篇》，彰化：彰化縣芳苑鄉公所，1997 年，頁 C。
〔註 10〕吳晟編：《彰化縣文學家的故事》，彰化：彰化縣文化局，2004 年，頁 64～67。
〔註 11〕康原：〈芳苑才子謝春木〉，《彰化縣文學家的故事》，彰化：彰縣文化，2004
　　　　年 8 月，頁 65～66。

臺北師範學校時的戶長與保證人都是登記他的名字。謝邦塡第一位妾室是王昧，育有一子謝悅，此人生平如康原所述，且與李應章、蔡淵騰爲結拜兄弟。謝邦塡第二位妾室吳樹蘭，即謝春木之生母，明治癸未（1883）年出生，謝邦塡於明治甲辰（1904）年正月二十六日去世，享年五十，此時吳樹蘭年二十一歲，謝春木兩歲。另外，洪罔娘於明治庚子（1900）年去世，因此當 1917 年謝春木入學臺北師範學校時的生徒學籍簿上家族欄登記：「母二、兄三」。臺灣音樂家許常惠則在回憶錄中，表示祖母謝螺爲謝春木之姊，謝春木爲躲避日警監視，時常拜訪謝螺和美婆家〔註12〕。

據《寶樹堂謝氏闔族譜（臺灣彰化）》，謝春木的家族係：「自泉州同安縣馬巷廳十二都翔風里幷頭堡後寮鄉，傳事至七，於清朝乾隆庚辰年間，有朝公暨八世誇公、標公、建公、群公、欽公乃先後攜眷渡臺，住居彰化縣二林堡路上厝，務農維生。」根據研究者林美容《彰化縣曲館與武館》：謝姓宗族在此傳承祖先的拳術，設有一「振興社鐵武團」，此屬宋江陣。宋江陣扮演水滸傳英雄人物一百零八條好漢的故事，標榜「替天行道，忠義兩全」，希望借草澤英雄「打倒特權，除奸救國。」宋江陣可以有七十二人、五十人、四十二人或卅六人的陣頭，據興社以卅六人組成，意取卅六天罡星；此團的拳路是長肢的條仔拳，出手有手到腳至的特點。鐵武團在謝融當鄉長時，曾在鄉長家裡開武館，其陣容大，都在刈香出陣娛神娛人〔註13〕。因此康原在田調時，從芳苑居民陳再得採錄七字歌仔：「彼陣定名路上厝，訓練宋江好功夫。文官武職兩面有，面對周圍二五都」〔註14〕其中「彼陣」指的是路上厝的大姓謝氏，「二五都」則是當地另一大姓洪氏；「武職」是謝融等，而「文官」應是指如謝春木等書香世家。

二、幼年教育：私塾與二林公學校

日人領有臺灣之後，礙於缺乏治理殖民地經驗，加以準備不足等多重因素，臺灣總督府本著漸進主義原則；一方面尊重舊慣，施政上採配合現實需求而隨機應變的「無方針主義」。因此，1895 年到 1919 年臺灣教育令公布以

〔註12〕邱坤良：《昨自海上來——許常惠的生命之歌》，臺北：時報，1997 年 9 月，頁 66～67。
〔註13〕林美容：《彰化縣曲館與武館》，彰化：彰縣文化，1997 年，頁 202。
〔註14〕康原：〈歌謠中的村莊歷史〉，《國立中央圖書館臺灣分館館刊》6 卷 2 期，1999 年 12 月，頁 109。

前，雖然小、公學校〔註15〕以及中等學校、專門學校等各種學制紛紛設置，總督府並未確立明確且行諸文字的教育基本政策。總督府僅以教育，作爲同化〔註16〕及開化臺人的手段，日據初期乃是臺灣教育的試驗時期。

　　根據謝春木臺北師範學校的生徒學籍簿，其中「入學前／履歷欄」記載：「大正六年三月二林公學校第五學年修了」，可確定謝春木是從二林公學校（現二林國小）畢業。二林公學校於1905年創立〔註17〕，經筆者洽詢二林國小，得知該校於日治時期的學籍資料皆佚，因此已無法找到謝春木當時的學籍資料。不過謝春木在臺北師範學校的生徒學籍簿「入學前／履歷欄」上的「第五學年修了」字樣，意味著謝春木僅接受公學校5年教育，而1917年考取國語學校師範部，因此謝春木很可能是1912年進入二林公學校就讀。

　　儘管日人壓抑臺灣人的受教權，僅能投考臺北醫學校與國語學校，且這兩所學校不同於日本高等教育程度的要求，事實上只是中等學校的程度而已，甚至逐漸嚴格規定公學校畢業生須年滿15歲才有入學資格，但仍有部分臺人私改戶籍資料，以求提前入學，如與謝春木同年考取國語學校國語部的朱昭陽。朱昭陽憶：「此時正值日本要進入大正民主時代，政府的政策雖然冷酷，但很多學校老師受到自由思想的薰陶，不一定遵照政府的規定辦事，有時政府靠右，他們反而向左，何況學校當局也歡迎年輕學生入學，認爲比較容易教育。」〔註18〕因此，謝春木只有修習五年公學校教育，即獲得國語學校老師的入學核可，也不無可能。

　　謝春木10歲才接受公學校的「日語」及「修身」教育，那麼在此之前他

〔註15〕1898年，日人將國語傳習所改制爲六年制「公學校」，鼓勵臺灣人子弟進入公學校就學。公學校學習的課目有別於日人小學校的課程，主要著重於「國語」與「修身」的教學。當臺日人共學制尚未實施前，絕大多數臺灣人子弟只能上公學校。吳文星：《日據時期臺灣師範教育之研究》，臺北：五南，2008年，頁108。

〔註16〕伊澤修二是日本領有臺灣後第一任學務部長，臺灣的教育制度，均依其理念進行，可說是近代化臺灣教育的奠基者。伊澤修二相信「同化」是改造臺灣人最佳的方式，塑造新國民精神。強調語言及修身教育的重要，企圖在精神上屈服臺人，將日本人的思想，傳授給臺灣人，這是普通教育的首要任務。吳文星：《日據時期臺灣師範教育之研究》，臺北：五南，2008年，頁108。

〔註17〕彰化縣二林國民小學：http://www.elps.chc.edu.tw/93/index94.htm，檢索日期：2009年12月14日。

〔註18〕朱昭陽口述：林忠勝撰述：《朱昭陽回憶錄：風雨延平出清流》，臺北：前衛，1994年，頁9。

接受何種啓蒙教育？筆者在國史館找到一筆謝春木於 1943 年於中國參加「中央訓練團」的學員自傳〔註 19〕：

> 一、余祖居福建同安縣，清末移居臺灣，初當泉州鹿港間之運輸與貿易，繼而兼墾荒地，至余父時，已變爲大地主。父爲前清秀才，余三歲已沒（按：歿），由伯父及家兄養育，六歲在家念四書五經，十一入小學，十六歲以首席考進臺北師範，廿歲時畢業，亦以首席由母校保送進東京高等師範學校，初至東京時頗受日人欺負，後因余成績超過日人，又被敬重。日人乃一欺弱怕強之民族，始由自己體驗，此爲嗣後余對付日人之一切對策之根本也。

> 余家母尚健，有一妻一女（按：指第二任妻女，可能有意不提第一任所生的兒子謝秋成）。妻能自主，各食其力，故經濟上並不感困難。因余交友及舊部下多，此方面之開銷比我個人之生活費爲重。

> 余於民國廿一年三月恢復中華民國之國籍。

> 二、余六歲在家念四書時，因其釋義問題與師爭執，受伯父及母親痛罵一次。在小學時，因分數之算法與級任教員爭，而致全班與教員同哭一小時，致失午餐。後因教務長出面排解，判爲余勝，始告一段落。

所述如謝秋涵所言，得知謝春木應是在私塾唸書，且謝氏又是書香世家，漢文基礎肯定相當扎實，從他在國語學校的生徒學籍簿的成績表，漢文科非十即九的得分即能證明。雖然 1920 年代謝春木幾乎皆以日文發表文學作品、政治評論，但他在《新興中國見聞記》中卻在在顯示出，其具備深厚的漢族文化涵養，這即可能影響他日後的漢族認同。另外，謝春木似乎想透過此段文字，表明自幼「固執己見，無懼挑戰師長」的性格。

研究者謝明如指出早期國語學校因公學校入學並不普及，故無法具體要求臺籍生入學前的日語程度，也因此較偏重入學者之漢文素養〔註 20〕。就受

〔註 19〕 內容雖有可能爲避國民政府調查而僞作，卻是目前唯一出自謝南光親筆撰寫的自傳式文章，仍具參考價值。

〔註 20〕 依 1901 年度之招生廣告云，申請入學者，應盡可能符合下列條件：（1）年齡在 15 歲以上、25 歲以下，（2）多少修習日語者，（3）具漢學素養，（4）品行方正、志操確實者，（5）在學中無家事之累者，（6）盡可能無妻。〈生徒募集〉，《府報》881 號，1900 年 12 月 25 日。

薦者之學歷觀之，多具長期的書房或私塾經驗〔註21〕，而後畢業於國語傳習所甲科或國語學校附屬學校特別科，甚至有少數尚未受新式教育之洗禮及直接入學國語學校者〔註22〕。

三、青少年教育：國語學校（臺北師範學校）

（一）入學競爭激烈

筆者詢問國立臺北教育大學教務處，獲得謝春木在國語學校的學籍資料，且也在《臺北師範學校創立三十周年記念誌》與《臺北師範學校創立三十周年記念寫眞帖》中發現謝春木的身影〔註23〕，推算謝春木就學時間應如學界所知，係自 1917 年到 1921 年。謝秋涵稱「1917 年父親以第一名的成績考入臺北國語學校」，如前引文謝春木在〈中央訓練團學員自傳〉亦如此自稱。從國立臺北教育大學所提供的學籍資料，無法確知，但從謝春木四年的成績來看，單科滿分十分者不少，最低也有七分，四年平均九分，可知他在學成績，確實相當傑出。

隨著臺灣初等教育逐漸普及，有意入學國語學校者逐漸增多，研究者謝明如指出依報考情形觀之，國語學校自 1906 年起，無論國語部或師範部乙科，皆出現入學競爭之現象，是年，原定招收師範部乙科生 60 人，國語部 30 人，而應募之數，前者竟達 250 人，後者亦有百人。〔註24〕面對考試而來的「升學壓力」，媒體有生動的描述：

> 近而思入上級之學校，雖可徵教育之普及，然該校所欲募者，只限
> 九十人。則尚餘兩百六十名，不能如願而入學，不得不俟諸來年，

〔註21〕私塾教育雖是清代教育的代表，但日人鑑於傳統書房頗具歷史，並未將書房一舉劇除，係漸進地鼓勵書房轉型。1898 年，據日人調查，全臺書房計 1,707 所。總督府頒訂「書房義塾規程」，將書房納入教育體制下有效管理。規定書房應加設日語、算術，試圖使書房成為公學校教育的輔助機關，然成效不彰，故最初數年臺人子弟進入書房學習的人數仍遠高於公學校。1919 年起，臺灣總督府致力於增設公學校，並限制私塾的成立及經營方向，私塾因此日漸式微。吳文星：《日據時期臺灣師範教育之研究》，臺北：五南，2008 年，頁 108。

〔註22〕謝明如：《日治時期臺灣總督府國語學校之研究（1896～1919）》，臺師大歷史所碩士論文，2007 年，頁 168。

〔註23〕臺北師範學校：《臺北師範學校創立三十周年記念寫眞帖》，臺北：臺北師範學校，1926 年。（無編頁碼）

〔註24〕謝明如：《日治時期臺灣總督府國語學校之研究（1896～1919）》，臺師大歷史所碩士論文，2007 年，頁 171。

而再行應募,然來年各校又有無數之卒業生出,則爭衡者益多,欲
難於入學矣。……〔註25〕

然而,師範部乙科的競爭又遠較國語部更為激烈。研究者謝明如統計,無論
錄取名額如何提高,師範部乙科的錄取錄歷年多維持在 20%以下,而國語部
至 1916 年以前,錄取率皆在 25%以上,1910 年時,甚至高達 44.6%〔註26〕,
對此,時人表示係因師範生有「公費」與「就職保障」之故〔註27〕。謝春木
參加 1917 年國語學校公學師範部乙科試驗,當年報考人數是 1149 人,最後錄
取人數是 167 人,錄取率 14.5%,是從 1910 年到 1918 年,九年中倒數第二
低錄取率的一年〔註28〕,可謂「菁英中的菁英」。

(二)學習表現

謝春木入學後兩年,1919(大正 8)年 1 月總督府公佈〈臺灣教育令〉,
將「國語學校」的名稱廢除,改稱為「臺北師範學校」,並將國語學校公學師
範部乙科改稱為本科,公學師範部甲科改稱為公學師範部。國語學校臺南分校
也改稱為臺南師範學校,國語學校國語部停止招生。同年 3 月 31 日〈臺灣總
督府師範學校規則〉(府令第 23 號)規定,師範學校本科的教學科目:修身、
教育、國語、漢文、歷史、地理、數學、理科、圖畫、音樂、實科、體操。其
中實科統合手工一科,與商業或農業選修一科〔註29〕。謝春木的〈生徒學籍簿〉
「出缺席欄」顯示他四個學年都沒有缺課、遲到早退的紀錄,但是成績評比第
四學年第一學期的欄位卻是空白,也無註明原因。第四學年第一學期的時間段
落應該是 1920 年 4 月 1 日至 7 月 10 日,筆者推測有可能是 1919 年國語學校
改制時,修業年限也從三年延長為四年,以致這段過渡期老師對學生的評比較
為草率,又或是這段時間國語學校帶他們至內地修學旅行,或是到公學校教育
實習〔註30〕,以致這段時間只有授業日數,沒有學業成績紀錄。

〔註25〕〈教育普及一斑〉,《臺灣日日新報》2407 號,1906 年 5 月 10 日,2 版。
〔註26〕謝明如:《日治時期臺灣總督府國語學校之研究(1896～1919)》,臺師大歷史
　　　　所碩士論文,2007 年,頁 172～173。
〔註27〕〈願入國黌〉,《臺灣日日新報》3838 號,1911 年 1 月 27 日。朱昭陽口述:林
　　　　忠勝撰述:《朱昭陽回憶錄:風雨延平出清流》,臺北:前衛,1994 年,頁 9。
〔註28〕1918 年錄取率最低,只有 14.3%。《臺灣總督府學事年報》大正 7～8 年度;《臺
　　　　灣教育會雜誌》第 84、97、109、120、133 號。
〔註29〕臺灣教育會:《臺灣教育沿革誌》,臺北:臺北教育會,1939 年,頁 631～635。
〔註30〕謝春木的〈生徒學籍簿〉有第四學年總成績一欄下,記載教育實習分數總點
　　　　「四八」。

　　謝春木的成績表現優異，以下根據1919年〈臺灣總督府師範學校規則〉所公佈各科教學要旨，分析謝春木的學業表現：

　　修身一科的教學內涵爲：「主要根據教育勅語的主旨，以培養道德思想、情操、獎勵實踐勵行，具備師表應有的品行與初等教育階段所應具備之修身教學知識，並充分了解教學方法爲教學目標，上課內容主要教導國民道德要旨，尤其教導學生了解其對社會及國家的責任與義務，遵循國法，養成崇尚道德、力行公益之風氣，並傳授普通的禮儀和一般的倫理學及教學法。」謝春木此科表現是越來越好，到第四學年（1920年4月～1921年3月）更有滿分的表現，操行以甲等畢業，但筆者認爲這並不全然表示謝春木已經具備「日本國民之思想及情操」。謝春木在《臺灣人的要求》曾言：「1920年7月東京創刊的《臺灣青年》雖被島內各校列爲禁書，但在北師宿舍寢室中，每期均有數十本瞞著舍監耳目秘密流傳著」，他非但爲共鳴者之一，後來更以謝文達的家鄉訪問飛行爲契機，聯合臺北師範與臺北醫專的同學組織歡迎會﹝註31﹞。研究者謝明如指出國語學校師範部乙科退學率之高，顯示學校當局對畢業後成爲公學校訓導的臺籍師範生相當嚴格﹝註32﹞，而謝春木在學校嚴格的檢視標準下，偷閱禁書、組織學運，卻可以獲得優異的操行、修身科評比，相當可怪。

　　當時校長由太田秀穗﹝註33﹞擔任，他師範學校前後任的校長相較，屬於慈父型的校長，謝春木同年入學國語部的朱昭陽曾爲1919年師範學校宣布不再招考國語部，號召同學罷學，以抗議改制，後來學生都在太田秀穗校長溫和的勸告下，返校繼續完成學業﹝註34﹞。因此，謝春木入學期間，正是臺北師範學校相對來說，較爲自由開放的求學環境，故謝春木等人才能藉此閱讀各種進步思潮之書籍。

　　教育一科的教學內涵爲：「主要是讓學生獲得有關教育的一般知識，特別

﹝註31﹞謝南光：《謝南光著作選（下）》（臺北：海峽學術，1999年2月，頁290。）
﹝註32﹞謝明如：《日治時期臺灣總督府國語學校之研究（1896～1919）》，臺師大歷史所碩士論文，2007年，頁173。
﹝註33﹞太田秀穗氏還曆祝賀會編：《太田秀歲氏還曆紀念文集》，東京：文化書房，1935年。可知太田秀穗之人生與思想。太田秀穗生於1875年1月26日茨城縣西茨城郡農民家庭，學業優異，1900年從東京大學哲學科畢業，友人數名共同譯シジワキック的《倫理學說批判》。
﹝註34﹞朱昭陽口述，林忠勝撰述：《朱昭陽回憶錄：風雨延平出清流》，臺北：前衛，1944年，頁14。

是熟悉初等普通教育要旨及教學知識，同時培育出具教育者精神之教師。首先教授心理及理論之要點，再教導教育理論、教學方法、保育法概論、近代教育史、教育制度、學效管理法及學生衛生概要等科目，以及施行教育實習。」謝春木此科表現是第三學年滿分，第四學年九分，以「先理論，後實作」的授業順序看來，謝春木對教育心理學等理論頗有心得，但對實作之興趣較低，故其畢業後並沒有進入公學校服義務教職，反而選擇繼續留日升學，而他投考東京高等師範，與早期發表關心臺灣教育問題文章〔註35〕，可見青年謝春木對於爭取殖民地臺灣人平等受教權的理想抱負。

國語一科的教學內涵為：「為了使學生理解一般的文章，以培養正確、自由的思考表達能力；並能充分學習初等普通教育階段的國語科教學法，同時培養學生的文學興趣，以啟發智德為其宗旨。課程內容主要重視發音的練習以及熟練語文的應用，讓學生能夠了解現代文、近代文及古文，同時練習寫作，教導學生語法、文法大要、發音橋正法、習字和刻鋼版非常重視，其目的為使學生執教時，能購寫出一手漂亮的黑板字。」此科學科又細分為「話方」、「讀方」、「作文」、「習字」四項修習內容，各項成績表現平均，且幾乎是「九」、「八」之得分〔註36〕。謝春木此時日語文優異的表現，讓他透過日語吸收世界進步思想，並成為他日後在《臺灣青年》雜誌，發表日文新小說與新詩之基礎，進而日後擔任《臺灣民報》日文部編輯。

漢文一科的教學內涵為：「為了使學生理解一般的文章，並能充分學習初等普通教育階段的漢文科教學法。課程內容主要重視簡單漢文文章的閱讀、詮釋，寫作實用適切的文章，以及教授方法。」謝春木此科表現有兩個學年滿分，兩個學年得「九」，比日語表現更好。從授課要旨看來，漢文教學相當簡易，標準自然也比日語低，但因筆者於前所述，謝春木自幼家學淵源，漢學基礎扎實，因此漢文成績才能如此優異。綜合謝春木漢文科與國語科的表現，可知謝春木的中日文翻譯能力應該具有一定水準，這個

〔註35〕 小說〈彼女は何處へ〉、論文〈前川女學校長の所論を讀む〉、〈共學制與我們〉與遊記〈硝子越に見た南朝鮮〉，皆觸及婦女與教育議題。刊登處與日期詳見附表一「謝春木之作品目錄」。

〔註36〕 研究者謝明如指出國語學校相當重視學生日語發音，故謝春木在「話方」一項表現亦佳，可見謝春木日語表達能力，頗受日本教師的肯定。謝明如：《日治時期臺灣總督府國語學校之研究（1896〜1919）》，臺師大歷史所碩士論文，2007年，頁191〜192。

條件應該有助於讓他在中國抗戰時期，成為國際問題研究會中蒐集日本情報的主要幹部。

　　歷史一科的教學內涵為：「以知曉歷史上重要事跡、社會變遷、日本盛衰之有來，尤須詳知日本發展情形，分析國體之特質與緣由，藉以培育國民精神；並以習得初等教育階段之教學法為其目的。教學內容主要分為本國史及外國史，本國史方面由開國至現代之重要事跡、日本文化的由來等；外國史則以世界情勢的變遷等相關事跡為主，除著名的世界各國之興亡、人文的發展以及日本文化的相關事跡概況傳授外，並研究該學科之教學法。」地理一科的教學內涵為：「主要教導學生認識有關地球的形狀、運轉、地球的表面、人類生活的型態，以及了解其對日常生活的影響。此外使學生知曉日本及外國局勢，習得初等普通教育階段的地理學家學方法。教材內容由日本地理概況、中國南洋到其他外國地理概要；以及日本在世界上的地理位置，一般地文、文文地理概要及教學法等。」國語學校時期的史地兩科合併，改制後才分科授課，授課內容都是以教授臺籍學生認識日本史地為主，外國史地次之〔註37〕，謝春木只有第三學年第一學期得「七」，偶有滿分表現。

　　數學一科的教學內涵為：「教學主旨是，學習數量之知識、熟悉計算方式，俾能應用自如。同時習得初等普通教育階段的算術科教學法與生活上必要的數學知識，以達到培養精確之思考能力。其學科內容有算術、代數、幾何、珠算及數學科教學法等。」此科分為「算術」、「代數」、「幾何」，與謝春木自己相比，在他在「算術」的表現較差，甚至第一學年第三學期得「六」，是四年成績中最低也是唯一一次的「六」，可能謝春木自幼擅長文科，亦非經商家庭，對算術、珠算等技術相當陌生，不過第二學年明顯進步許多，可見青年謝春木在學業表現上的好勝心，也許是幼年父親早逝，生母又是小妾，而使他更加認真上進；相較之下，謝春木對於抽象的、重邏輯思考的代數與幾何，卻有較好的表現。

　　博物一科的教學內涵為：「在於教導學生有關天然物質的知識，使學生體會人與大自然之間相互作用以及和人生之關係，而達到造福人群之目的。此外，學習初等普通教育階段的理科教學方法。課程內容有重要的植物、動物、礦產等一般知識；標本的採集、製作法，人體的構造、生理及衛生。另外，

〔註37〕謝明如：《日治時期臺灣總督府國語學校之研究（1896～1919）》，臺師大歷史所碩士論文，2007 年，頁 203～205。

並設有實驗課及教學法的教學。」此科分爲「博物」與「理化」，謝春木亦偶有滿分表現，兩科相較，「理化」又比「博物」佳，這與當年一般學生有點不同。根據謝明如研究指出「博物」科經常外出郊遊、植樹、採集標本，深受好動階段的青少年歡迎，對照臺北師範同學王白淵對青年謝春木的描述：「他因爲父親早已逝世的關係，曾受旁邊種種的冷遇，有一次他對我說『我沒有天眞的童年時代啊！』所以他很早熟〔註38〕。」謝春木則在王白淵《荆棘之道》的序中如此描述自己：「同樣十六歲的時候，你和我一齊進入了臺北師範學校。那時我患上憂鬱症，你則像隻天眞爛漫、快活、春天裡載歌載舞的小鳥〔註39〕。」恰好都反映青年謝春木有別於同儕，是位較早熟、多憂思的年輕人。

　　圖畫一科的教學內涵爲：「在於培養學生準確細心地觀察物體，並訓練正確、自如的繪畫能力。同時學習初等普通教育階段的繪圖教學法，練習圖案構想，培養審美感。上課內容以寫生畫爲主，另外加上臨摹畫及設計畫，黑板畫及幾何畫等。」謝春木此科表現中上。雖教學內涵明文以寫生畫爲主，但臨摹畫是基礎功夫，因此課程多半練習臨摹畫〔註40〕。學生的成績有時是比較而來，謝春木雖然無滿分表現，但在郭柏川、王白淵與李梅樹等日後成爲知名畫家的同學與學弟的競爭下，他可以得「九」、「八」分，應該顯示出他具備細心的觀察力，這也反映在他的文學作品中對景致與意象的細膩描繪。

　　手工一科的教學內涵爲：「主要讓學生正確地掌握物體的觀念，學習物品製作機能，學效內另設有手工藝室，教導初等教育階段的手工教學方法，激發勞作興趣和培養喜好勤勞的習慣。教材內容有，天然景物的模型製造、日用器具的製作、各種木工製作、同時了材料的性質、工具的保存、並學習手工科的教學法。」與其他科相較，謝春木此科表現平凡，第四學年甚至只有得「七」，可見謝春木對於實作技能並不拿手。

〔註38〕王白淵：〈我的回憶錄〉，《政經報》，1945年11月。收錄於王白淵，陳才崑譯：《荆棘的道路》，彰化：彰化縣立文化中心，1995年，頁254。

〔註39〕王白淵：〈我的回憶錄〉，《政經報》，1945年11月。收錄於王白淵，陳才崑譯：《荆棘的道路》，彰化：彰化縣立文化中心，1995年，頁256。

〔註40〕研究者白雪蘭整理倪蔣懷就讀國語學校期間（1909～1913）留下的「作業」，可知當時圖畫教學是從素描、臨畫，進而學習水彩，最後實地寫生，但寫生時間有限。白雪蘭：〈由倪蔣懷與葉火城學生時代作品淺談國語學校與臺北師範學校之圖畫教育〉，《藝術家》42：5，1996年5月，頁294～298。

　　實業一科的教學內涵爲：「以教授學生有關實際生活上可以應用的農業或商業知識爲主，並設置實習課程。」謝春木選修農業而不選修商業，應該是與自己的家庭背景有關〔註41〕。在他的〈生徒學籍簿〉登記大哥謝日新職務「農」，事實上是中型地主家庭，故謝春木選修農業而不選商業，應該是與自己的家庭背景有關。「農業主要科目主要教導學生有關土壤、水利、肥料、農具、耕耘、森林、養蠶、養畜、水產、農產、製造、農業經濟方面的知識，並學習教學法。」相較其他涉及「實作技能」的課程，謝春木此科表現堪稱「優異」，不是滿分，即是得「九」，或許幼時課餘即有參與下田，亦或因農業爲其家本業，故特別用心學習吧！未知熟習農業一科，有無啓發青年謝春木的「土地意識」，但可知青年謝春木已相當了解農業，這讓日後的他在面對親友捲入二林事件，以及參與社會運動時，能更深刻地體認農工階層的處境。

　　音樂一科的教學內涵爲：「目的在於學習音樂相關知識、技能，和初等普通教育階段的唱歌教學方法外，並進一步以培養音感，高尚情操及德性的涵養爲目的。教學內容爲學習單音唱、複音唱、樂曲、樂器之使用，以及音樂科教學法。」謝春木此科表現中上，大概都有「九」、「八」分，顯示他頗有「音感」。雖然新詩主張打破舊詩押韻的作法，但日本新詩發展的初期仍具和諧音律的特色，細節待第四章探討。

　　體操一科的教學內涵爲：「在於鍛鍊學生的身體使其均衡發展，培養敏捷的動作，強健的身體，並養成注重精神舒暢和規律的生活習慣，以及學習初等普通教育階段所需之體操教學知識與技能。教學內容爲體操、教練、遊戲及運動、生理概要及教學法。此外，男子的體操科中另增加擊劍及柔道課程。」謝春木此科表現普通，第一學年平均只有「七」，後面三年則有進步。

　　總體而言，謝春木的成績表現相當優異，操行也是甲等，接受總督府文教局獎學金赴日肯定沒問題〔註42〕。其中漢文、農業、教育的表現特別突出，

〔註41〕在謝春木的〈生徒學籍簿〉登記大哥謝日新職務「農」，資產「？萬圓」，可知謝春木家境富裕，約「中型地主」家庭。研究者吳文星表示，1920年之際，隨著經濟發展及物價上漲，有家庭二千日圓以上始可稱爲小康，有十萬圓以上可算是富豪，此時臺籍師範生有約50％來自中、上家庭，家長職業則以地主及自耕農居多數。吳文星：《日據時期臺灣師範教育之研究》，臺北：五南，2008年，頁108。

〔註42〕何義麟指謝春木拒絕這個獎學金以自費升學。何義麟：〈臺灣知識人における植民解放と祖國復歸──謝春木の人物とその思想を中心として〉，頁12。

日語文的溝通、閱讀與寫作的能力皆在中上水準，可知頗具中日對譯能力。青年謝春木雖已接觸文化啟蒙刊物《臺灣青年》，組織學生支持社會運動，卻不影響自己修身科與操行的評比；對於抽象、原理、邏輯推理方面較動態實作拿手，或是較有興趣；又第一學年表現略低，平均「八」，可能離鄉背景到臺北唸書，尚未適應學校生活所致，但第二學年成績明顯進步到「九」，而且一直保持至畢業，由此展現謝春木聰慧內斂、好強認真的性格。

第二節　日本留學與臺灣政治運動時期（1921～1932）

一、居所與東京臺灣人抗日運動之地緣關係

　　1943 年謝春木自云：「在東京時代之大部份時間用於政治運動，民國十四年十月，因余兄為反日農民暴動首領而全家被捕，致廢學而返〔註43〕」，為其東京留學時期作一概括之語。早在謝春木赴日求學前，東京臺灣人抗日運動已逐漸展開。1910 年代臺中的豪族士紳林獻堂和蔡惠如分別在東京巢鴨和澀谷有私邸，和最早一批到日本修學法政的林呈祿和蔡式穀等留日學生相往返，討論如何改革臺灣的政治社會，組成「啟發會」，1919 年解散，1920 年元月蔡惠如重組「新民會」。

　　1921 年謝春木進入東京高等師範學校教育法制經濟系，從他在臺北師範學校時，「教育」一科的優異成績表現來看，進入該系，應是如魚得水。當時臺日交通主要以大輪船為主，定期的船班為信濃丸與阿美利加丸，船行五天四夜後抵達神戶港，再轉搭火車進東京。是誰迎接甫抵東京的謝春木，目前不得而知，但當時北師留日的學長頗多，如謝氏同屆朱昭陽，即由北師學長吳三連迎接〔註 44〕，而謝春木即將入學的東京高師，亦有北師學長蔡培火。蔡培火於 1920 年畢業，之後擔任《臺灣民報》編輯兼發行人，1923 年加入文化協會，協助推動「臺灣議會設置請願運動」，主要活動地皆在東京，很可能是由蔡培火迎接謝春木。

　　王白淵說，1925 年 4 月赴日，與謝春木和另一位友人住在「神田區今川小路彌生館，離上野不遠的街巷」，目前尚無史料確知 1921 年至 1925 年皆居

〔註43〕國史館館藏：〈129000021884A・軍事委員會侍從室・謝南光〉。
〔註44〕朱昭陽口述，林忠勝撰述：《朱昭陽回憶錄：風雨延平出清流》，臺北：前衛，1994 年，頁 17。

住此地。值得注意的是，一般研究者多採王白淵說法，將兩人在東京的活動地，籠統劃爲上野一帶，以下筆者將重新調查地圖，企圖描述謝春木之居住地與當時東京臺灣人抗日運動的地緣關係。

　　現今神田區與麴町區整合爲千代田區，而謝春木所居今川小路彌生館，即今神保町三丁目，位於神田車站附近的電車高架橋下，至今仍被日本保留。從神田車站搭乘電車前往上野車站，還須經過秋葉原、御徒町兩站，以當時人的認知，雖可稱爲「上野附近」，但我們仍須釐清王白淵說這句話之時空語境。

　　然而神田車站交通四通八達，與上野反方向，神田車站的下一站即東京車站。1923 年林獻堂、蔣渭水、蔡培火等人主導的「臺灣議會設置請願運動」第三次在東京請願時，謝文達駕機在東京上空，散發數十萬張空飄傳單，聲援這項運動，傳單上有「臺灣人呻吟在暴戾政治之下久矣！」、「給臺灣人議會吧！」等不利於日本軍國獨裁的文字〔註 45〕，之後都有年輕留學生前去東京車站迎接臺灣學生，留學生手拿「平等」、「自由」的旗子、唱「臺灣議會請願歌」、呼「萬歲」，再分乘汽車前往神田區、牛込區，沿途散發傳單，成了 1920 年代幾次請願的儀式〔註 46〕，謝春木勢必參與其中。再往麴町區的日比谷公園，附近的帝國議會〔註 47〕、帝國飯店〔註 48〕，在臺灣議會請願活動亦是不可或缺的角色。

〔註 45〕謝東漢：〈我的父親謝文達不爲人知的二、三事〉，《中國時報》，1995 年 11月 31、12 月 1～2 日。

〔註 46〕陳柔縉：〈日治中期臺灣人在東京的政治運動身影〉，謝金蓉編：《蔡惠如和他的時代》，臺北：臺大出版中心，2005 年，頁 195。

〔註 47〕並非現今永田町的國會議事堂，而是包括貴族院和眾議院，兩相鄰而位於日比谷公園地鐵千代田線霞ケ關站這側。陳柔縉：〈日治中期臺灣人在東京的政治運動身影〉，謝金蓉編：《蔡惠如和他的時代》，臺北：臺大出版中心，2005年，頁 196。

〔註 48〕與臺灣抗議活動相關的是第二代帝國飯店，1923 年 9 月 1 日開幕，正好遇上7.9 級關東大地震，但帝國飯店卻安然屹立，耐震盛名一時大噪。1924 年第五次請願，蔡培火等請願代表在此招待兩位眾議員和新聞記者近二十人。1925年第六次請願，林獻堂又在此招待百餘位議員和記者。陳柔縉：〈日治中期臺灣人在東京的政治運動身影〉，謝金蓉編：《蔡惠如和他的時代》，臺北：臺大出版中心，2005 年，頁 198。

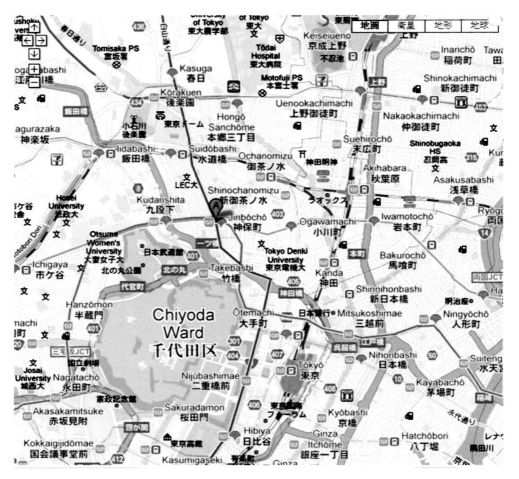

　　神田車站往北前往上野，往西前往謝春木所就讀東京高師（今筑波大學），位於小石川區（今文京區），之間經過神田區最繁榮的御茶ノ水站、水道橋與飯田僑，再轉公車。神田區區內神保町書店、印刷廠林立，神保町著名的出版社岩波書店，於 1920 年 2 月 5 日購入今川小路的一棟三層樓建築物，岩波書店發行部與移至該地，兼作倉庫之用。岩波書店老闆為農家出身的岩波茂雄，若謝春木與此位鄰居有所接觸，那麼對謝春木的文藝心靈應有影響。

　　神保町為大學生匯集出沒之地。區內最著名的大學，莫過於明治大學。臺灣抗日運動核心人物林呈祿、蔡式穀、彭華英、鄭松筠皆為該校校友，特別是林呈祿，他住在神田區仲猿樂町九番地，後來他擔任《臺灣民報》系列媒體的總編輯及實際負責人，「臺灣青年雜誌社」一度在神保町十番地之十

號。當時承印雜誌的印刷廠「三秀舍」目前仍存在內神田一丁目〔註49〕。

　　臺灣議會設置運動第一次請願書來不及在臺灣募簽，反而是在神保町的中國基督教青年會館召來百餘留學生簽署；第三次在仲猿樂町的日華學會（今西神田二丁目），有青年學生舉行歡迎請願委員大會。另外，清國留學生會館於 1902 年成立於駿河臺鈴木町十八番地，鄰近明治大學，自此中國留日學生有了民主自治的團結核心，該組織對內有約束中國留學生紀律的責任，對外有代表留學生爭取合法權利的義務，以地緣與組織性質來說，謝春木應有機會與中國留學生接觸〔註50〕。

　　1920 年新民會共同議決活動三大方針：從事改革臺灣統治運動、刊行機關雜誌、謀求與中國同志聯絡。是年 11 月蔡培火、林呈祿等掀起「六三法撤廢運動」〔註51〕。而新民會主要分子另組「東京臺灣青年會」，於 7 月創刊《臺灣青年》雜誌。「東京臺灣青年會」是謝春木在東京最主要參加的組織。該組織創立於謝春木的學校附近，小石川區茗荷谷的高砂寮〔註52〕，爾後 1923 年至 1925 年連續三年暑假，他都全力支持該會學生返臺的文化講演團。

　　1922 年 4 月《臺灣青年》易名《臺灣》，由林呈祿擔任主編，劉明朝為日文編輯主任，王敏川為中文編輯主任，黃呈聰為庶務主任，鄭松筠為會計主任，蔡培火、吳三連等為幹事，明顯地仍以北師體系為主體。其後 1923 年 4 月 15 日發刊《臺灣民報》，謝春木與同為師範生者王白淵、黃周（醒民）等先後進入該報〔註53〕，日後，無論在臺灣和中國，王氏與黃氏皆為謝春木抗日運動的夥伴。1923 年 9 月關東大地震後，東京臺灣青年會無法召開秋季例會，是年 12 月 30 日於西川洋食部開總會，邀請中國山西省教育廳長朱念祖演講，可見該會與中國方面的聯繫，此次謝春木、吳三連與呂靈石等九人當選幹事〔註54〕。

〔註49〕陳柔縉：〈日治中期臺灣人在東京的政治運動身影〉，謝金蓉編：《蔡惠如和他的時代》，臺北：臺大出版中心，2005 年，頁 200～201。

〔註50〕清國留學生會館成立：http://big5.sc001.com.cn/news.sc001.com.cn/tool/tiandi/tgdz%EF%BC%8D39.html。檢索日期：2010 年 2 月 26 日。

〔註51〕臺灣總督府警察局：《臺灣社會運動史》，東京：龍溪書舍，1973 年，頁 27。

〔註52〕1912 年總督府為因應逐年增加的臺灣留日學生，創立高砂寮，專收臺灣留學生，對學生而言，是一種照顧，也是一種監督。陳柔縉：〈日治中期臺灣人在東京的政治運動身影〉，謝金蓉編：《蔡惠如和他的時代》，臺北：臺大出版中心，2005 年，頁 202。

〔註53〕楊肇嘉：《楊肇嘉回憶錄》，臺北：三民，1067 年，頁 407～440。

〔註54〕SM：〈東京青年總會　朱氏演說大要〉，《臺灣民報》第 2 卷第 2 號，1924 年 2 月 11 日，頁 12。

　　1922 年 5 月謝春木以筆名「追風」，發表日文小說，1924 年 4 月發表日文新詩，可知早期的謝春木也是個文藝青年。1923 年至 1926 年，東京臺灣青年會組織文化講演團，利用暑假返鄉巡迴演講，目的在啓發民智。經歷三年返臺演說，謝春木的抗日思想也日漸成熟。

二、返臺參與農工運動

　　1925 年謝春木自東京高等師範畢業入高等科，此外，他接替因「治警事件」判決確定入獄的林呈祿擔任《臺灣民報》的編輯人。在此前後，臺灣農民運動日益激進，謝春木利用演講會的空檔回到故鄉二林。他發現臺灣人的生存權逐漸被剝奪：日本資本家愛久澤與總督府強制收買農民的土地，開設源成農場，造一製糖會社；官方企圖將河床新生地交付日本移民；北斗郡警察課長不理會九塊厝保甲請願，敷衍西螺溪護岸將崩之事，最後再對比臺南新營蘇超群造吊橋的公益美舉，直擊多處不合理現象〔註55〕。同年 6 月 28 日謝春木的故鄉在李應章的主導下，組成「二林蔗農組合」，該組合平時舉辦農民講座，並積極與蔗糖會社交涉蔗糖收售價格等事宜，但林本源製糖會社不予理會，並企圖在未公布價格前強取甘蔗，10 月 22 日農民與警察發生衝突，蔗農組合的幹部與農民數十人被捕，即所謂「二林事件」。

　　二林事件中謝春木的親戚與友人多人被捕，其中蔗農組合總理李應章、理事蔡淵騰二人與謝春木之兄謝悅爲結拜兄弟〔註56〕。謝春木接獲消息即退學，以轉調《臺灣民報》臺北支局的方式，返臺從事救援行動，並正式投入島內的抗日活動。謝春木在著作提到：「治警事件以後社會運動的傾向是，『進入實際運動』，該口號的最大收穫是二林地方的組織「蔗農組合」的運動〔註57〕」，雖然多位蔗農因事件被捕，但它卻刺激臺灣各地農民，思考自己在日本殖民經濟政策下的處境。1925 年鳳山地區佃農反對陳中和新興會社收回土地鬥爭，鳳山農民在簡吉及黃石順的幫助下成立了「鳳山農民組合」〔註58〕，

〔註55〕追風：〈歸去來──歸臺雜聞〉，《臺灣民報》第 71 號，1925 年 9 月 20 日，頁 10。追風：〈歸去來──歸臺雜聞（其二）〉，《臺灣民報》第 75 號，1925 年 10 月 18 日，頁 11～12。

〔註56〕李偉光：〈李偉光自述〉，《臺聲》，1986 年 8 月，頁 22。

〔註57〕謝南光：《謝南光著作選（下）》，臺北：海峽學術，1999 年 2 月，頁 298。

〔註58〕〈鳳山小作組合發起人會〉，《臺灣民報》第 76 號，1925 年 10 月 25 日。

並成功地贏得了與「新興製糖會社」的鬥爭〔註59〕。「鳳山農組」的成功經驗，鼓舞了各地的農民，隨著農民爭議的頻起，簡吉也四處奔波，提供抗爭經驗，援助指導各地的農民問題〔註60〕，於是陸續在大甲、虎尾、竹崎等地成立農民組合，終於進一步和李應章等人組織了全島性的農民團體「臺灣農民組合」〔註61〕。謝春木應是透過這層關係，認識簡吉等鳳山農民組合成員，在目前出土的農民運動史料中，鮮見謝春木參與運動的記錄，但以謝春木與李應章等人的交情，應該會以民報記者身份從旁觀察農民組合運動。

　　1926年11月6日謝春木在基隆演講〈殖民政策〉，可以發現「二林事件」後，他思索殖民地臺灣的土地問題，發表一些對日後行動的宣言：

> 殖民地是強者從弱者劫奪而成立的。香港、菲律賓皆如此。臺灣也
> 是中日戰爭的結果，作為戰勝的獎品，而由支那給予日本的。又如
> 某國，趁著原住蕃人的無智，給予珍品騙去他們的土地，或以迷信
> 誘導，佔領其土地。這樣把這些土地當作殖民地，且為增加本國的
> 財富而經營。這就是帝國主義的侵略〔註62〕。

1927年王白淵〈吾們青年的覺悟〉，也呼應謝春木的主張：

> 民族的衰微是個人的恥辱，民族的無力是吾們青年的責任。吾們眼
> 前的最大問題，是回復吾們的面目，整頓吾們同胞的生活，養成進
> 取的氣象，以脫離受壓迫的地位。……青年如春草，如朝日，如猛
> 火。人生最可寶重的時期，恰似新鮮活潑的細胞在人身一樣。……
> 吾們青年的社會身中的最新最活潑最有力的分子，百般改革皆由青
> 年之手。老木既朽，無新陳代謝的社會則亡，吾們青年養成批判之
> 力，去舊就新，勇敢否定過去的社會惡，以建設明日的社會，此是
> 吾們青年的義務〔註63〕。

〔註59〕　〈鳳山農民組合的檢舉〉，《臺灣民報》第126號，1926年10月10日；〈鳳山檢舉案續聞〉，《臺灣民報》第127號，1926年10月17日；〈鳳山事件的公判〉，《臺灣民報》第134號，1926年12月5日。

〔註60〕　〈鳳山農民組合演講隊的活動〉，《臺灣民報》第91號，1926年2月7日。

〔註61〕　〈臺灣農民組合的活動向全島各地巡迴演講〉，《臺灣民報》第155號，1927年5月1日；〈二林蔗組改稱為農組〉，《臺灣民報》第91號，1926年2月7日。

〔註62〕　王乃昌等譯：《臺灣社會運動史（1913～1936）》，臺北：創造，1989年6月，頁212～213。

〔註63〕　王白淵：〈吾們青年的覺悟〉，《臺灣民報》第163號，1927年6月26日。

兩人皆企圖號召青年爲自己的民族、殖民地革命革新。然 1927 年 1 月文化協會在臺中召開臨時總會，由於無產青年大量進入文協，舊幹部林獻堂、蔡培火、蔣渭水等全部退出。文協雖然分裂，但《臺灣民報》仍掌握在舊幹部手上，同年 2 月在霧峰林家會議上，謝春木被派任民報臺南通信部主任，以接替辭職的陳逢源〔註 64〕。在前往臺南就任之前，是年 5 月，謝春木經蔡培火介紹，與東京女子醫專出身的蔡彩雪結婚。除蔡培火外，蔣渭水、盧丙丁與韓石泉皆參加謝氏在故鄉舉辦的婚禮〔註 65〕，婚後不久即投入臺灣民眾黨的創建工作。

29 日，臺灣民黨在臺中市新富町聚英樓（今臺中市中正路三民路口）舉辦成立儀式，蔣渭水、謝春木、盧丙丁、陳旺成與蔡培火等均出席，6 月 3 日被總督府依「治警警察法第 8 條第 2 項」禁止其結社。臺灣民黨是臺灣民眾黨的雛形，臺灣人的第一次政黨結社經歷了臺灣自治會、臺灣同盟會、解放協會、臺政革新會與臺灣民黨等籌組階段，都被以「標舉殖民地自治主義」、「標榜民族主義」、「違反治臺基本精神」、「唆使民族反感」解散或禁止〔註 66〕。

謝春木至臺南就任期間，與其頻繁接觸者，應屬北師同學盧丙丁。盧丙丁（1901～1946），筆名守民，其妻林好，是當時著名臺語歌星《月夜愁》之首唱者。盧氏畢業後任教職，甚至擔任內莊公學校副校長，但仍加入臺灣文化協會。1927 年文協分裂，臺灣民眾黨成立，膺任民眾黨中央常務委員，負責社會部及宣傳部；並任臺南支部常務委員，兼民眾黨之外圍組織「臺南勞工會」、「臺南機械工友會」之負責人。兩位同窗志友，一任民眾黨臺南支部常委，一任民報臺南通信部主任，肯定偕同出席南部的勞工運動。

謝春木與農工運動的領導者關係密切，身爲記者的他從旁觀察運動，同情農工階級思想逐漸萌芽，即創作一篇二幕劇劇本〈政治家は國を我物と思ふ〉，反映當時臺灣土地與農工問題，詳待後章討論。然由上述可知，在臺灣民眾黨內部左右分裂之前，謝春木即與農工運動領導者交遊甚深，其對蔣渭水晚年思想逐漸左傾，應不無影響。

〔註 64〕 王敏川轉任臺中出張所，蔡培火受取締役委託駐臺北支社，監督支局編輯及營業諸事務。〈民報社 幹部異動〉，《臺灣日日新報》，1927 年 2 月 17 日，n04 版。

〔註 65〕 蔡彩雪爲臺南酒仲蔡儀斌之女。〈謝家慶事〉，《臺灣日日新報》第 9709 號，1927 年 5 月 10 日。蔣朝根：《蔣渭水留眞集》，臺北：北市文獻會，2006 年，頁 108。

〔註 66〕 蔣朝根：《蔣渭水留眞集》，臺北：北市文獻會，2006 年，頁 109。

三、與蔣渭水思想左傾之關係

　　1927 年文協分裂，蔣渭水等人另組「臺灣民眾黨」，整個過程都可見到謝春木的積極參與，也是聲明書綱領、政策起草委員之一，以及中央常務委員的主幹〔註67〕。尤其是當時有「南火（蔡培火）北水（蔣渭水），水火不容」的傳言，兩人合力共組民眾黨，謝春木的居間協調奔走功不可沒〔註68〕，因此才以謝春木為主幹申請組黨。可以說，謝春木已由當年留日學生，成長為臺灣重要政治運動者之一。後來民眾黨內部設立三個委員會，政治、經濟、勞農委員會，謝春木擔任勞農委員會主席。這個委員會其實是路線仍偏中國民族主義的臺灣民眾黨中，左傾色彩最濃厚的〔註69〕。

　　1927 年 6 月 3 日，臺灣民黨解散後，蔣渭水急召當時任職臺灣民報社臺南支局的謝春木商量對策，後謝春木與黃周、彭華英、陳逢源被舉為與警務局交涉的委員。7 月 10 日臺灣民眾黨成立，謝春木任中央常務委員。

　　臺灣民眾黨成立後，即考慮在各地設立支部，繼 8 月 7 日臺南、南投支部設立，15 日成立大甲支局，黨員有彭清靠（彭明敏之父）等 30 名。在此前 7 月 19 日謝春木曾以文化書局與《臺灣民報》共用信紙致函王錐，懇請他在大甲成立民眾黨支部，並在成立大會時舉辦政談演說。王錐是大甲日新會幹事，經營煉瓦（磚）製造業及大甲帽輸出，後來王錐獲選為大甲支部主幹暨常務委員〔註70〕。當時一般人不敢參加民眾黨，黨員以醫師、律師、記者、地主及自營商家等自主行業為主。大甲支部的杜香國是知名詩文家，國語學

〔註67〕蔡培火、吳三連：《臺灣民族運動史》，臺北：自立晚報，1987 年，頁 355～443。

〔註68〕文協第一次分裂後，被迫退出的文協舊幹主張分歧，蔣渭水與蔡培火兩人常有爭議，常由在場人士協調。〈十日在臺中　民眾黨結黨式續報　蔡蔣二氏幾至破裂　結局議事再進〉，《臺灣日日新報》第 9772 號，1927 年 7 月 12 日。目前並無指稱謝春木居中調解之功，但「以謝春木名義組黨」既是兩人皆能接受的結果，可見兩人對謝春木之重視。民眾黨分裂後，蔡培火曾在日記裡，感嘆「對這個少年人（謝春木），我是盡力要幫助他，看他能不能成器，現在看他敢這樣做，這樣講，過去為他做的，可說歸於空空然……。」蔡培火：《蔡培火全集（一）》，臺北：吳三連臺灣史料基金會，2000 年，頁 158～159。

〔註69〕謝春木在 1929 年 1 月 1 日曾在黨員大會中，主講〈日本社會運動發達史及各農民勞工團體之現況〉。蔡培火、吳三連：《臺灣民族運動史》，臺北：自立晚報，1987 年，頁 388。

〔註70〕蔣朝根：《蔣渭水留真集》，臺北：北市文獻會，2006 年，頁 112。

校畢業不久辭去教職，轉入實業界，任臺灣株式會社專務（專職）及大甲商工會長，是大甲日新會成員；黃清波，國語學校畢業不久亦辭教職，後改行經商，任大甲信用組合理事、帽席同業組合監事等職，熱心地方文化的啓蒙運動，加入文協，亦是大甲日新會主幹。

大甲日新會成員與大甲讀報會多有重疊，1924 年 10 月 12 日，杜香國等人於大甲鎮瀾宮成立讀報會，以促進地方文化向上〔註 71〕。大甲日新會支持民眾黨，不只是人力，更包含財力物力。日新會另一成員李欽水與林獻堂等創辦大東信託株式會社，任專務取締役，該社是蔣渭水、林獻堂所領導臺灣民族運動的「金庫」，可見大甲支部對民眾黨之重要性。

謝春木與大甲地區又有另一淵源，1925 年大甲發生日本人退職官吏強佔土地山林事件，當地農民以趙港爲代表，並邀請鳳山農民組合簡吉指導，1926年 6 月成立大甲農民組合推舉趙港爲委員長，以謝春木與簡吉等農民組合的交情，在大甲的聲望應頗佳。

1930 年 8 月 1 日，日本大眾黨淺沼稻次郎由東京農民勞働社（出版商）寄信給黃清波，信的內容目前已無法得知。淺沼稻次郎，1923 年於早稻田大學政治經濟系畢業，在校期間就曾組織學生運動，畢業後參加農工運動，曾被捕入獄。1925 年參與組織農民勞働黨，該黨解散後加入日本勞農黨。1930年任全國農民組合鬥爭部長，指導農會運動。10 月 27 日，臺灣爆發「霧社事件」。民眾黨與日本的反對黨聯絡，揭發總督惡政，12 月 8 日對日本大眾黨、勞農黨等發出電文，請派代表來臺調查霧社事件〔註 72〕，足見當時由謝春木交涉所成立的大甲支部，在民眾黨左傾的過程中所處的位置。

可是勞農黨一直未有動靜。全國大眾黨則根據該黨大會決議，派遣河野蠻與河上丈太郎來臺，1931 年 1 月 6 日午後一時左右，兩個調查員乘扶桑丸號到基隆。臺灣民眾黨及其領導下的工友總聯盟友員特地在碼頭上列陣歡迎。日警當局則派便衣、制服巡查、憲兵等一百多名，佈置了警戒線，預備以檢束方式對該黨黨員先制攻擊。同時，又利用兩個特派員正要通過海關時，把手舉「歡迎調查霧社事件河上、河野兩先生」兩個大黨的黨員加以檢束，並沒收旗幟。原本決定以嚮導身分帶領兩個特派員進入霧社的該黨幹部陳其昌與蔡添丁，也受到入山禁止令而不得成行。河野、河上兩個特派員終於完

〔註 71〕 蔣朝根：《蔣渭水留真集》，臺北：北市文獻會，2006 年，頁 87。
〔註 72〕 蔣朝根：《蔣渭水留真集》，臺北：北市文獻會，2006 年，頁 169。

成了霧社的實地調查。臺灣民眾黨於是邀請兩人於 1 月 11 日在臺南市、13 日在臺北市，舉行演講會。2 月 18 日，蔣渭水以及黨內的左派幹部，不顧一切反對，在民眾黨本部辦公室召開第四次黨員大會，進行綱領、政策的修改。當其綱領，政策剛剛表決通過後，北警察署長便臨現場，把結社禁止命令交給主幹陳其昌，並扣押了蔣渭水、陳其昌等十六名主幹，以防情勢不穩。

當局發布的「臺灣民眾黨禁止理由」，有此一段：「或關於這次的霧社事件，曾拍發『違反國際條約使用毒瓦斯殺戮弱小民族』等措詞激烈的電報。」無意中提供資料證實了該黨曾向國際聯盟通電控訴的事實；並顯示出民眾黨之所以被禁與其對霧社事件的迴響與行動不無關聯。

黨被迫解散後，以蔣渭水、謝春木、陳其昌等為主的幹部認為勞農組織之強化應優先於黨之重建，一時意見紛紛，加上蔣渭水於 8 月 5 日驟死，沒有人能夠統轄舊民眾黨幹部繼續運動。這時，「滿州」的情勢轉劇帶動了島內鎮壓的強化，四周的情勢對島內運動的繼續非常不利，陳其昌等主要幹部於是接踵奔向對岸；而日本當局准許《臺灣新民報》日報發行的條件之一卻正是要求謝春木離職，於是他以大陸通訊員的身分赴大陸，被迫離臺；民眾黨於是逐漸走向組織崩潰與瓦解的厄運〔註 73〕。

1927 年的重要性，不單在臺灣民眾黨成立，更是臺灣左翼思想傳播的里程碑。年初，被譽為「無產者運動的導師」的布施辰志，為二林農民組合赴臺辯護，1927 年 3 月 13 日在《臺灣民報》發表一篇〈渡臺之先言〉說：「除去應出法庭辯論的三日間之外，其餘的八日間若沒有特別事情，想要參加全臺無產階級解放運動的戰線。」布施抵臺後，曾做多次公開演講，而且回東京後，也應臺灣青年會的邀請，演講島內的時局。布施氏的訪臺，對左翼思潮的發展，有推波助瀾之功。大眾教育基金會即保留一禎「1927 年 3 月 25 日布施辰治與謝春木、簡吉、李應章等人」之攝影〔註 74〕。是年 12 月 5 日謝春木與陳逢源，以及文協激進派王敏川臨席農民組合大會〔註 75〕，謝氏與分裂

〔註 73〕民族解放運動中，原漢聯盟的歷史起點：http://www.abohome.org.tw/index.php?option=com_content&view=article&id=690:repay-history-690&catid=51:history&Itemid=125，檢索日期：2010 年 5 月 15 日。

〔註 74〕李玲虹、龔晉珠主編：《臺灣農民運動先驅者——李偉光》，臺北：海峽學術，2007 年，前扉頁無頁碼。

〔註 75〕〈農民組合大會會眾四五百名　示威行列禁止〉，《臺灣日日新報》第 9918 號，1927 年 12 月 5 日。

後的文協幹部仍常在農工運動現場碰面，日後臺灣民眾黨的左傾與謝春木絕對有很大的關聯。是年《臺灣民報》以增設日文版的交換條件獲准在臺灣發行，因此謝春木轉調臺北並擔任新設的「和文部」主任。

1927 年對臺灣工人運動也是重要的一年。1928 年 1 月 1 日《臺灣民報》社論〈過去一年間的回顧〉，該文特別指出：「在去年臺灣的勞動界又是造出一頁熱鬧的紀錄。」此指 1927 年 3 月新文協連溫卿成立的「臺灣機械工會」。1928 年 2 月，臺灣工友總聯盟在臺北日新町的蓬萊閣，由議長盧丙丁主持，決議聘請蔣渭水、謝春木、蔡式穀、王鍾麟、王受祿擔任顧問，可見六人對階級運動的支持〔註 76〕，臺灣工友總聯盟的成立，即為民眾黨的重要成果。

在民眾黨分裂前一年，1929 年 2 月 11 日工友聯盟第 2 次代表大會在臺南松金樓舉行，除民眾黨蔣渭水、謝春木、陳旺成、盧丙丁外，新文協激進派鄭明祿，以及臺灣農民組合的楊逵、葉陶夫婦均有參加。根據 1929 年臺灣民眾黨所訂的「今後的方針」所言：「吾人綜觀世界日本及臺灣之情勢，帝國主義國家間及帝國主義國內之矛盾日益擴大顯著，其基礎已經發生動搖，其崩潰必定不遠，世界一切無產階級即殖民地民眾之互相聯絡，共同鬥爭已成為期致命的打擊。……是故世界無產階級及殖民地民眾，今後對內必須堅固其陣營，對外必須緊密其聯繫，益加努力奮鬥，勇猛進攻，以與資本主義做最後的決戰。……即在最短期間實現本黨的綱領政策，達成人類解放之目的，緣此必須同胞多數奮鬥參加。……〔註 77〕」可見民眾黨逐漸左傾，呼應的是無產階級與殖民地人民的解放。1930 年民眾黨分裂後，以蔡培火為首的地主階級，由楊肇嘉領銜另組「臺灣地方自治聯盟」。研究者何義麟指出：謝春木與蔣渭水的思想相近，基本上是批判地主階級以「做善事」的態度來從事社會運動，但在現階段的運動中不排斥地主資產階級，並提倡民族解放與階級解放並行的全民運動〔註 78〕。

民眾黨被禁前除左傾化外，與中國大的接觸也增多。1929 年 1 月 2 日，

〔註 76〕 〈臺灣工友總聯盟 顧問決定〉，《臺灣日日新報》第 9996 號，1928 年 2 月 21 日，n02 版。

〔註 77〕 蔡培火、吳三連：《臺灣民族運動史》，臺北：自立晚報，1987 年，頁 421～422。

〔註 78〕 何義麟：《跨越國境線──近代臺灣去殖民化之歷程》，臺北：稻鄉，2006 年，頁 23。

臺灣民眾黨相繼通過蔣渭水所提，「上青下紅中白日」黨旗圖案，類似「青天白日滿地紅旗」，即被總督府禁止，10月總督府通過三星旗圖案爲民眾黨黨旗〔註79〕，民眾黨亦決定在上海及對岸駐代表與島外解放團體聯絡〔註80〕，可見蔣渭水欲效法孫文的個人動機。謝春木亦是開啓民眾黨與中國交流的功臣之一，是年5月謝春木與王鍾麟〔註81〕等人以臺灣民眾黨代表身分參加孫文的南京奉安祭〔註82〕。1931年7月，謝春木又再度前往大陸旅行〔註83〕。離臺期間蔣渭水逝世，但停留在上海的謝春木並未因此提早返臺，反而將歸期延至9月。返臺不久，12月中旬時謝春木即攜眷移居上海，仍擔任《臺灣新民報》的通訊員，但一般認爲這是總督府要求將謝春木放逐島外，做爲准許《臺灣新民報》發行日刊的交換條件〔註84〕。然而1931年12月19日《臺灣新民報》刊登謝春木前往上海的消息，報社記者提謝春木離臺前與友促膝談，或許可一窺謝氏之宏願：

> 此行不爲做官，亦不希望發財。倘能夠將自己所積蓄多年來的體驗，用以貢獻於中國，便是自己無上的欲望。至於功名榮達在所不計。今後願以一學究的態度，虛心攻研中國事情，自信定有一番工作可爲。倘若經過一年兩年，還未聞本人有何動作，便可以

〔註79〕 蔣朝根：《蔣渭水留眞集》，臺北：北市文獻會，2006年，頁142～143。

〔註80〕 蔣朝根：《蔣渭水留眞集》，臺北：北市文獻會，2006年，頁142～143。

〔註81〕 嘉義人。爲清名將王得祿之後代，父王子景。1909年嘉義公學校畢業後，隨即赴日就學，1920年畢業於京都帝國大學法科政治學部。返臺後擔任執業律師，並參加臺灣文化協會，1927年加入臺灣民眾黨，任中央委員，因其發表〈反對日本對華政策之聲明〉遭受到日本當局的注意，1930年爲避憲警的逮捕潛赴上海，於當地執律師業，並協助旅居當地臺人解決問題，戰後更協助滯留大陸的臺人返鄉事宜。1946年因父親病重返家，加以中國大陸情勢惡化，乃未再回上海。1947年二二八事件發生，在地方人士敦請下出面擔任翻譯工作，與陳澄波等人同赴嘉義水上機場與國軍談判，事後僅許世賢、林文樹與王三人得以倖免、未遭逮捕。是年底國大代表選舉中不幸敗給劉傳來。此後專心從事律師工作，後以肝病亡世。許雪姬等：《臺灣歷史辭典》，臺北：行政院文建會，2006年9月，頁218。

〔註82〕 〈B02031442800・臺灣人關係雜件〉，1927年3月29日～1929年7月1日。亞洲歷史資料中心：http://www.jacar.go.jp/，檢索日期：2010年6月4日。

〔註83〕 何義麟：〈被遺忘的半山——謝南光（上）〉，《臺灣史料研究》第3號，1994年2月，頁157。

〔註84〕 戴國煇：〈霧社烽起と中國革命〉，《境界人の獨白》，東京：龍溪書舍，1976年，頁213；木下一郎，〈謝南光（春木）氏の足跡〉，頁61。

說謝某的上海行是完全失敗了。請辱知各位監視本人今後的動作
就是云云。〔註85〕

語間謝春木抱著必勝的決心，似乎早已有所準備。如前述民眾黨被迫解散
前夕，謝春木頻繁進出中國，部份原因是受蔣渭水之託，如今蔣氏撒手人
寰，謝春木前往中國反日抗戰，亦堪稱完成蔣渭水未竟的心願。

第三節　赴中以後（1932～1969）

一、戰前：上海情報戰與交友狀況

（一）華聯通訊社

1931年12月11日，謝春木自基隆經福州馬尾，16日抵達上海，最初居
住在公共租界的四川路（今四川中路）〔註86〕。1932年臨近的北四川路，爆
發上海「一二八事變」。研究者何義麟挖掘，戰火平息不久，10月謝春木即以
日本問題專家的姿態在《自強月刊》上，發表〈九一八事變後日本之概觀〉
一文，此文署名已經改用「謝南光」，由此推知，這個名字應該是在這一年開
始使用〔註87〕。

1943年謝春木參加「中央訓練團」的學員自傳，描述自己在上海從事抗
日運動的事蹟：

第二期由「一二八戰役」開始。此余在上海地方協會，擔任「對敵
宣傳」「對日廣播戰」乃余之創始，至戰後再辦「華聯電訊社」（按：
華聯通訊社）。因拆穿武藤司令官暗殺案及有害外交建議內容，引起
日本朝野之注意，並因此而引起日本與我上海市政府之交涉，故一
切行動皆為秘密運動。此時，有在上海組織「臺灣民眾黨再建委員

〔註85〕〈為實現年來的希望謝君到上海去了　不為做官不為發財只要幹些有意義的
事〉，《臺灣新民報》第395號，1931年12月19日，頁9。

〔註86〕〈B02031446700・臺灣人發行ノ新聞、雜誌其他刊行物關係〉，1934年3月
21日～1938年8月20日。亞洲歷史資料中心：http://www.jacar.go.jp/，檢索
日期：2010年6月4日。

〔註87〕謝南光：〈九一八事變後日本之概觀（上）（中）（下）〉，《自強月刊》1卷1～
3期，上海：救國週報社，1932年10月1日、11月15日、12月1日。頁1
～20，1～24，第3期未見，頁碼不詳。何義麟：《跨越國境線──近代臺灣
去殖民化之歷程》，臺北：稻鄉，2006年，頁26。

會」，繼續策動臺灣革命工作。「眾友會」運動之重要份子多數為余之部下也。在上海時代，余兼任「華僑聯合會」常務委員兼調查組長，注意華僑問題、南洋問題，乃從此時開始〔註88〕。

根據日本領事館報告〔註89〕中，1932 年 10 月「華僑聯合會」主席許冀公等人的支援下，創辦「華聯通訊社」，可見謝春木與華僑聯合會之淵源；但根據《上海市年鑑》記載，通訊社創立於 1932 年 4 月 5 日，兩方記載有出入，推斷應是華聯通訊社成立後，再由聯合會大力支持。兩方記載另有一異，即通訊社的社址，日本領事館報告指出，1935 年 1 月事務所設於法租界呂班路鴻安坊第 2 號（今重慶南路）；1936 年則遷到「中國國貨拒毒會〔註90〕」本部內，地址是公共租界香港路 4 號。但根據筆者調查現存 1935 年到 1937 年的《上海市年鑑》指出：1935、36 年，通訊社登記地址為「法租界環龍路花園別墅 40 號」（今南昌路）；1937 年則轉址「法租界薩坡賽路 280 弄 30 號」（今淡水路）〔註91〕，由此可知通訊社常利用轉移社址或刻意登記不同的社址，以躲避各方調查。

上海時期的謝春木，不只被日本領事館警察監視，也受到中國方面的注意。根據日本領事館的報告，通訊社初期的經營方針係提供批判日本的新聞稿，故能獲得中國方面的信賴，「南京政府」還以外交名義，每個月資助 300 元，而且當時與通訊社接觸的各大報與重要雜誌社，各家每個月資助約 30～40 元與該通訊社，因通訊社電訊內容激烈，所下標題聳動，很受報社歡迎，故財務狀況頗佳。

後來通訊社過多內容醜化批判日本軍部的文章，在日本軍部的壓力下，不得不軟化，亦因此失去中國方面的信賴，在 1935 年 5 月遭逢嚴重的財務危機。華聯通訊社為打開困境，創辦一份報導中外外交軍事關係的時事評論雜誌《中外論壇》，從 5 月 9 日起至 6 月 27 日，以週刊形式發行共八期，內容

〔註88〕國史館館藏：〈129000021884A・軍事委員會侍從室・謝南光〉。

〔註89〕〈B02031446700・臺灣人發行ノ新聞、雜誌其他刊行物關係〉，1934 年 3 月 21 日～1938 年 8 月 20 日。亞洲歷史資料中心：http://www.jacar.go.jp/，檢索日期：2010 年 6 月 4 日。

〔註90〕前述「中國國貨拒毒會」，應是領事館警察對「中國國貨維持會」或「中華國民拒毒會」之筆誤，但無論遷入兩者任一組織單位，皆表示 1936 年華聯通訊社所持的民族立場。

〔註91〕《上海市年鑑》，臺北：國圖複印，1980。1935 年為上海通志館本，頁 V11。1937 年為華東通訊社本，頁 T103。

包括論壇、專載、雜組、中外情報、舞國與影星、美容與化妝等，但雜誌遭中國方面查禁而失敗〔註92〕。研究者何義麟指出，雜誌創辦失敗後，中國方面將謝南光視爲間諜，到了8月國民黨市黨部向法租界警察要求逮捕謝南光，罪名是謝氏爲共產黨員，被捕數日後，在謝氏的好友「紅幫有力人士」出面保釋下恢復自由〔註93〕。謝南光的友人可能是誰？待下文討論。

　　該關心的是，只因「通訊社減少批判日方的新聞稿」就被視爲國民政府的眼中釘嗎？1945年軍委會調查謝春木：

> 該員爲臺灣人，幼受日本教育，流落廈門上海之地。從事情報工作（過去在滬據傳與倭特務人員有往來，雙方賣放情報），與多地臺氓暗有聯絡。頗有志於臺灣恢復工作，在臺灣革命活動中有相當地位，抗戰後對外交情報不無貢獻，在本會國際問題研究所任組長，與所長王芃生甚近，卅年底經王介任，現職於閩推動臺灣恢復工作，因時機未至，現主辦外務及僑務工作，尚稱努力，近兼省農林公司協理，劉建緒、張開璉恐其才氣橫溢，有危險性〔註94〕。

軍委方面懷疑上海時期的謝春木與日本特務有往來。1952年8月17日《中聲晚報》文郎譯自日本7月27日《朝日週刊》的〈日本人眼中的謝南光〉：「他在上海的生活，是靠『華聯通訊社』來維持，主要的工作是販賣情報。將國民政府的情報賣給日本，但由於這類職業的通有性，其相反的交易也曾試過，固不容疑。」雖爲戰後的報紙言論，但筆者認爲這是對謝春木在上海期間較公允評價。通訊社未必全然提供批判日方的新聞稿，對中國代表的蔣中正亦有抨擊，由此才能夠充分理解謝春木被國民黨逮捕的原因，事實上直到戰爭爆發，謝春木仍被國民黨人士監視。

　　上海是情報戰最熱絡的地方，謝春木自云曾「在上海地方協會，擔任『對敵宣傳』『對日廣播戰』」，「一二八淞滬抗戰」時，發起上海市民地方維持會，眾人推舉《申報》主人史量才爲上海地方協會會長。維持會解散

〔註92〕〈B02031446700・臺灣人發行ノ新聞、雜誌其他刊行物關係〉，1934年3月21日～1938年8月20日。亞洲歷史資料中心：http://www.jacar.go.jp/，檢索日期：2010年6月4日。

〔註93〕1937年華東通訊社本的《上海市年鑑》中，華聯通訊社之負責人登記爲郁建中，並註明1936年11月3日停業，頁T103。

〔註94〕國史館館藏：〈129000021884A・軍事委員會侍從室・謝南光〉。文件有用印「洛川」字樣。

後，被推選為上海地方協會會長、上海市參議會議長，但 1934 年因與蔣中正理念不合而被特務暗殺，謝春木亦約 1930 年代中期受到國民政府的關注，這之間有無關聯？意味著國民政府調查上海要人的工作，已深入相對邊緣的臺籍人士謝春木。

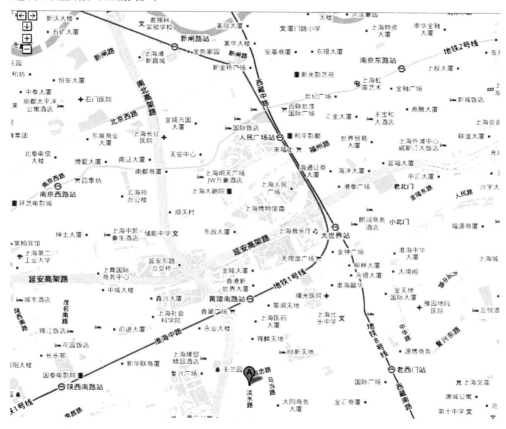

對謝春木而言，華聯通訊社應該是初至中國，站穩腳跟前，結識盟友的好方法，因此謝春木仍舊交友廣闊。經筆者調查，政治立場極左或極右、國民黨或共產黨，宗教各派，臺灣人、中國人甚至日本人都有接觸。因此 1935年保釋謝春木的「紅幫友人」，目前並無法得知，但筆者企圖透過爬梳謝春木在上海時期的交遊關係，來勾勒謝春木此時的行蹤與思想。

（二）交友網絡

　　一般研究者熟知在上海與謝春木過從甚密者，莫過於王白淵（1933～1937），而研究者柳書琴亦藉由王白淵旅滬詩作，分析當時王、謝二人奔赴中

國抗日之心境〔註 95〕。研究者何義麟則以日本領事館報告與名人回憶錄等臆測謝春木的交友狀況。筆者重新蒐羅國史館與日本外交史料等，企圖拓展目前學界所知，戰前謝春木於中國的交友狀況與活動。

日本領事館對謝春木的監視報告，提供筆者許多謝春木交友之線索〔註 96〕。報告指出支持謝春木新聞事業的組織，1932 年支持「華聯通訊社」的組織有中華國貨維持會、旅滬開南同鄉會、中國經濟合作社與上海青年導報社。其中的中華國貨維持會，於 1935 年亦支持雜誌《中外論壇》創辦，另外又增加上海記者聯合會、華僑聯合會、中南文化協會、福建建設協會、上海分會僑務委員會、上海僑務局與中國三合會。中華國貨維持會主席王漢強相當支持華聯通訊社，1936 年還出借會內場地，供通訊社辦公。另外，華僑相關組織又以華僑聯合會主席許冀公（臺灣人）最支持謝春木〔註 97〕。

許冀公是由何人介紹給謝春木？筆者推測係由黃周。1932 年黃周轉任《臺灣新民報》上海與廈門支局長，許冀公、陳其昌與蔡連興為其舊友〔註 98〕，陳其昌曾是民眾黨同志，也是謝春木舊識，1931 年民眾黨解散後，陳其昌便前往廈門經營「廈南公司」、「中和牧畜」公司，曾當選廈門臺灣居留民會議員〔註 99〕。當時謝春木係以《臺灣新民報》特派上海記者身分前往大陸，故

〔註95〕 柳書琴：《荊棘之道：臺灣旅日青年的文學活動與文化抗爭》，臺北：聯經，頁 137～172。

〔註96〕 日本領事館警察羅列一系列，須注意華聯通訊社交往人士，筆者調查此份名單，就所知述於下文。名單中其他人士：東北義勇軍李社、肖白龍；臺灣人：石煥長、葉伯毅、胡煥奇、林火義、黃旺成、王白淵、林澄水、陳海賊、陳慶勳；與中國人之關係主要是因有共黨嫌疑者受到監禁知張錫棋及黃建中、卓武初、崔通約等，以華僑聯合會為中心的人物以及以中華國貨維持會主席王漢強、文學博士尼西第、自稱社會主義者江亢虎、暨南大學文學部劉士木、復旦大學校長李登輝。〈B02031446700・臺灣人發行ノ新聞、雜誌其他刊行物關係〉，1934 年 3 月 21 日～1938 年 8 月 20 日。亞洲歷史資料中心：http://www.jacar.go.jp/，檢索日期：2010 年 6 月 4 日。

〔註97〕 謝秋涵曾回憶謝春木曾偕同許冀公赴南京中山陵面見張學良，期望東北軍能積極參與抗日運動，後來爆發西安事變。此事目前不可考，但可知謝秋涵亦知道謝春木與許冀公的交情。謝秋涵：〈我的父親謝南光〉，頁 167。

〔註98〕 〈B02031446700・臺灣人發行ノ新聞、雜誌其他刊行物關係〉，1934 年 3 月 21 日～1938 年 8 月 20 日。亞洲歷史資料中心：http://www.jacar.go.jp/，檢索日期：2010 年 6 月 4 日。

〔註99〕 陳其昌的上海人脈應該也不錯。其 1922 年赴大陸就讀杭州第一中學，1925 年讀上海大學英文系，後轉赴日本，入日本大學政治科。在日大時，曾參與中國學生之救國反日活動，被遣返臺灣。1922 年《臺灣歷史人物小傳——明清暨日據時期》，臺北：國圖，2003 年 12 月，頁 514～515。

黃周的上海居住地「上海共同租界北四川路永樂坊 22 號」，此應該亦是謝春木的暫居之所。後來陳（黃）旺成亦至上海與謝春木會面。1934 年黃周離開上海轉往廈門〔註100〕，1935 年從廈門返臺〔註101〕。1930 年代中期的華聯通訊社，亦受福建南方等組織協會支持，應該亦是黃周與陳其昌在廈門所建立的人脈所致。謝春木自傳所言「臺灣民眾黨再建委員會」，是否真有其組織，已無從得知，但四人皆為當年民眾黨的同志，再次於中國發起組織，亦不無可能。

　　國史館館藏蔣中正文物指出，1934 年謝春木與陳菊仙（按：陳旺成之筆名）以臺灣中華總會館中央執行委員會名義，受張錫鈴（按：張錫祺之三弟，後改名張邦傑）之託，保釋東南醫學院眼科主任兼光華醫院院長張錫祺〔註102〕。這份史料意味著謝春木、陳旺成與張錫祺、張錫鈴兄弟關係密切，張錫鈴的通訊地址即前述，1935 年日本領事館調查華聯通訊社之社址。張錫祺的光華眼科院址、華聯通訊社與李應章（按：後改名李偉光）所開設的偉光醫院院址霞飛路（今淮海中路）皆位於法租界。李應章〈一個臺灣知識分子的革命道路〉自述，前往廈門即加入共產黨，1934 年從廈門躲避國民黨至上海法租界經營偉光醫院，自稱 1935 至 1937 年在上海是與中共「失掉關係」的低潮期，幾乎專事戒煙毒門診，等待機會聯絡中共〔註103〕。

〔註100〕　〈B02031446700・臺灣人發行ノ新聞、雜誌其他刊行物關係〉，1934 年 3 月 21 日～1938 年 8 月 20 日。亞洲歷史資料中心：http://www.jacar.go.jp/，檢索日期：2010 年 6 月 4 日。

〔註101〕　《臺灣歷史人物小傳——明清暨日據時期》，臺北：國圖，2003 年 12 月，頁 588～589。

〔註102〕　張錫祺，福建惠安人，1898 年生，1925 年畢業於日本千葉醫學專科學校。1926 年於臺灣各地集合同志組織臺灣中華會館，被選為評議員。1928 年 4 月赴被選任為執行委員會外交主任，1929 年孫總理奉安大典，曾由臺灣全島華僑第三次代表大會選任與王達全回國，並代表請願設立臺灣領事館及籌設國民黨支部等事宜。張錫祺案由，係共產黨王洪尋供稱，同黨楊文心通信處上海法租界維爾蒙路（今普安路）116 號光華醫院，上海公安局誤將楊文心視為張錫祺之變名，因此而被捕。後來據淞滬警備司令部調查，楊文心是今年僅 23 歲之女性，係東南醫學院已畢業之學生鄭悟生之未婚妻。東南醫學院畢業生，假張之醫院練習醫術者甚眾，多假張處為通信處。國史館館藏：〈002－080200－00190－120・謝南光等呈蔣中正為張錫祺受冤被株累久陷懇乞賜電保釋〉。

〔註103〕　李偉光自述、蔡子民整理：〈一個臺灣知識分子的革命道路〉，後收入李玲虹、龔晉珠編《臺灣農民運動先驅者——李偉光（上）》，臺北：海峽學術，2007 年，頁 13～15。

　　李應章與謝春木自二林事件起，關係密切，在上海應該有聯絡。根據楊肇嘉回憶，1936 年 3 月其與林獻堂等人組成考察團到中國旅遊，在上海由華僑聯合會舉辦歡迎會〔註 104〕，謝春木如前自傳所述，擔任「常務委員兼調查組長」，又是臺灣人，應有參加此次聚會團。抗戰勝利後，謝春木自重慶飛往上海，與楊肇嘉向上海同鄉募資一百萬元，以全體臺胞的名義，送與湯恩伯將軍總部作爲勞軍貢獻，隨後發生李應章與楊肇嘉的「旅滬臺灣同鄉會」理事長之爭〔註 105〕，此意味著李應章亦涉入同鄉會組織，以謝春木在上海華僑界的人脈與兩人的活動地區來看，互相聯繫實無困難。筆者在《中外論壇》雜誌第四期、第八期分別找到一則廣告，標題「育英小兒科醫院」，院長爲留日醫學士李偉光醫師，院址爲上海南京路勞合路 81 號太合大樓（即大上海戲院後面），這很可能就是「李應章」、「李偉光」〔註 106〕。

　　時任上海《大公報》記者的李純青，在 1987 年回憶李萬居提到謝春木，指其在上海即加入中共地下組織〔註 107〕、袁孟超則回憶謝氏爲日共黨員〔註 108〕、蔡子民與蔡銘熙則稱謝氏於 1932 年 6 月就開始同中共的地下黨員姜柳青接觸，嗣後在臺籍人士張錫祺的光華眼科醫院裡，認識中共江蘇省委王學文，1934 年經王學文介紹，謝春木加入中國共產黨〔註 109〕，若蔡子民所言屬實，那麼 1935 年保釋謝春木的「有力的紅幫友人」很可能是王學文。共黨地下黨員的身份相當特殊，無從考證，但足見謝春木在上海與重慶國研所時皆具鮮明的左翼情報人員之形象。

　　其實王學文反而與楊春松親暱。根據楊國光爲父親楊春松撰寫回憶錄《一個臺灣人的軌跡》指出，1927 年 5 月王學文留日歸國，被分派到國民黨海外部任《海外週刊》編輯，上司是國民黨左派海外部長彭澤民，此時其與楊春

〔註 104〕楊肇嘉：《楊肇嘉回憶錄》，臺北：三民書局，1970 年 7 月，頁 312～319。

〔註 105〕楊肇嘉：《楊肇嘉回憶錄》，臺北：三民書局，1970 年 7 月，頁 346～348。

〔註 106〕《中外論壇》，第 4 期，1935 年 5 月 30 日。《中外論壇》，第 8 期，1935 年 6 月 27 日。

〔註 107〕楊錦麟：《李萬居評傳》，臺北：人間，1993 年，頁 69～70。

〔註 108〕袁孟超，四川人，國研所第二組組長，研究中蘇關係：文化大革命加入中國共產黨，從事中蘇友好外交。袁孟超：〈緬懷愛國主義戰士日本問題權威王芃生和國際問題研究所〉，收入陳爾靖編：《王芃生與臺灣抗日志士》，臺北：海峽學術，2005 年 12 月，頁 24。

〔註 109〕蔡子民，蔡銘熙：〈愛鄉愛國的臺灣政治活動家謝南光〉，收入蔡子民：《臺灣史志》，臺北：海峽學術，2004 年，頁 302。

松在武漢一見如故〔註110〕，不久加入中國共產主義青年團，6月轉為中國共產黨員。王學文：「那時我們常常徜徉在夕陽照耀下的漢江堤壩上，邊走邊談，十分融洽」，1930年楊春松與妻子許良鋒定居在上海法租界霞飛路，1930生楊海光、1932年生楊國光，王學文至上海中國社會科學研究會主辦的暑假學校講課，許良鋒則在此授課，加入中國共產黨〔註111〕。而謝春木在臺灣亦關心農民事件，與楊春松與其家鄉中壢事件的辯護律師古屋貞雄應早有往來，透過楊春松認識王學文亦有可能。

　　奇怪的是，謝春木與日方亦有往來。1934年3月12日，有吉公使發信給日本外務大臣廣田弘毅，表示謝春木在青海成立一家中日合資的商社，作為一名青海地區與日方雙方羊毛生意的掮客，且聲稱此交易並不受當地部落青海二十九旗王侯與軍閥領袖馬步芳的影響〔註112〕。馬步芳係蔣中正為掌握青海地區而扶植的軍閥，素有「青海王」之稱。根據謝春木在軍委會人事調查表中自填：「1935年10月任職青海廣惠寺顧問，長官為敏珠爾呼圖克圖〔註113〕」，此指敏珠爾呼圖克圖活佛第八世，法號多吉加，1905年出生於一戶蒙古族家庭中，在廣惠寺不久，前往拉薩贊寶棽倉（廣惠寺在西藏的屬寺）靜修十餘年。1931年與西寧的社會賢達、宗教界人士共同倡議，創辦三處小學，1933年在南京設立呼圖克圖駐京通訊處，自任處長〔註114〕。謝春木很可能是在南京與其相識，利用喇嘛主持在青海的宗教勢力，進而成為羊毛生意之掮客。有吉公使又言，青海將毛皮供給日本，從日方拿價值相當的商品，亦可購入開發青海的建材，互相提攜雙方的經濟。因為青海的開發需要日本的資本跟技術，當然在政治與諸般狀況下也有實現困難的問題。可見謝春木甚至有與日方公使人員有所往來，甚至協助日方深入青海等內陸地區，以建設地方之名義，爭取地方祭祀圈勢力支持。此時，謝春木真正的目的究竟是什麼？實在無法臆測。

　　1937年戰爭爆發前夕，敏珠爾呼圖克圖活佛第八世亦於南京病逝。日本領事館報告指出，1936年在廣東軍人楊贊的協助下，謝春木創辦《時代智識》

〔註110〕1927年國民黨清黨，身為「廣東臺灣革命青年團」團員的楊春松也被捕入獄，後因證據不足而被開釋。其出獄後即離開廣州到武漢加入中國共產黨。
〔註111〕楊國光：《一個臺灣人的軌跡》，臺北：人間，2001年，頁32、68。
〔註112〕〈B08061340100·帝國、諸外國間合弁事業關係雜件〉。亞洲歷史資料中心：http://www.jacar.go.jp/，檢索日期：2010年6月4日。
〔註113〕國史館館藏：〈129000021884A·軍事委員會侍從室·謝南光〉。
〔註114〕廣惠寺與敏珠爾活佛：http://beijiguang.blog.qhnews.com/article/107354.shtml，檢索日期：2010年2月12日。

雜誌，因 7 月 1 日發行第 1 卷第 8 期〈日本人之南進政策〉一文，內容激烈
批評日本對外侵略政策，而引起日本領事館注意。謝春木與臺灣人鍾樂上、
林炎西、鍾煥新等，在「標榜言論之自由，誘導民眾之智識並啓發之，對於
時代給予有明確之認識，導引群眾正道，其次對抗列強」之主張下，創造「時
代智識社」。另外，華聯通訊社的董事長丁超五，他就是當時國民政府立法院
委員、僑務視察專員，亦是東北義勇軍，而通訊社也與西南政府胡漢民保持
關係〔註 115〕。王白淵則在戰後的回憶錄提到，八一三事變發生前一週，謝春
木來向他辭行，表示要到廣西找李宗仁將軍〔註 116〕，以上略見謝春木與中國
軍閥的來往情形。

二、戰爭期間：國際問題研究所與臺灣人抗日團體活動

　　研究者何義麟利用在中國抗日的臺灣人團體同盟與內部鬥爭，說明謝春
木戰後無法進入陳儀接收臺灣工作的緣由，然其時謝春木還參加王芃生主持
的國際問題研究所，對此組織內部關係，何氏的描述較少，筆者試圖運用國
史館館藏史料與「國際研究所」的同僑回憶錄，來彌補此間謝春木行蹤細節。

　　曾任《大公報》記者李純青，於 1987 年回憶其與李萬居交往時所知之事。
1937 年戰爭前夕，謝春木透過在上海相識的李萬居介紹給王芃生，而李萬居
與王芃生具姻親關係，因此謝春木始終深獲王芃生信任〔註 117〕。1937 年 5 月
三人與張錫祺、張錫鈞（按：張錫祺五弟）兄弟上呈一份報告到外交部，轉
交蔣介石，分析華北情勢，8 月蔣介石受命王芃生在軍委會下成立「國際問題
研究所」，王氏以「交通部次長」頭銜，親自去東南亞佈置，派謝春木至香港、
李萬居至廣東湛江與張錫鈞至福州〔註 118〕。前一年，1936 年《臺灣日日新報》
報導，7 月 4 日謝春木從上海到廈門從事秘密活動，遭日本領事警察逮捕，因
爲他當時具有臺灣籍民身分。事發後經中國有力人士營救，7 月 16 日才得以

〔註 115〕〈B02031446700・臺灣人發行ノ新聞、雜誌其他刊行物關係〉，1934 年 3 月
　　　　 21 日～1938 年 8 月 20 日。亞洲歷史資料中心：http://www.jacar.go.jp/，檢索
　　　　 日期：2010 年 6 月 4 日。
〔註 116〕王白淵：〈我的回憶錄〉，《政經報》1 卷 3 期，1945 年 11 月 25 日，頁 21。
〔註 117〕楊錦麟：《李萬居評傳》，臺北：人間，1993 年，頁 69～70。
〔註 118〕潘世憲：〈回憶王芃生與國際問題研究所〉，後收入陳爾靖編：《王芃生與臺灣
　　　　 抗日志士》，臺北：海峽學術，2005 年 12 月，頁 40。

安全返抵上海〔註119〕，這位中國有力人士很可能是李萬居。

　　詭異的是，謝春木從事秘密工作，卻常招惹國民黨與日本領事館兩方扣押。李純青回憶：

> 當時謝南光在港期間，一次有事赴廣州，被國民黨當局逮捕，指其為日本特務。王芃生聞訊後感到懼怕，不願出面交涉。李萬居得知此事一直為謝南光辯護，並以全家生命具保以求救謝。王芃生見李萬居的態度堅決，方才電告廣州，將謝釋放，但王芃生對謝南光已有所戒心，改調李萬居赴香港接替謝南光的工作，並把謝調回重慶國際問題研究所。這就是李萬居被派往粵港一帶工作的由來，謝南光不明究由，到重慶後一度與李萬居心生芥蒂。

謝春木一下被指為日本特務、間諜，一下又被指為日共、中共，此類指控在戰後更是層出不窮。研究者何義麟挖掘日本反戰份子青山和夫在回憶錄上認為謝春木為日本間諜，而且戰後重慶也有人散佈謝春木是日本間諜的黑函〔註120〕，筆者翻閱謝春木在重慶國研所之部屬潘世憲回憶錄，指出謝春木與青山和夫在重慶時候，同住一間房〔註121〕。George Kerr 則指稱謝春木在重慶期間要求分享美援（錢、武器和政治支持）〔註122〕。戰爭期間謝春木的心態，顯然比上海時期更趨複雜，首先要先釐清這八年謝春木的行蹤。

　　根據國史館館藏史料，軍委會人事調查表羅列謝春木經歷及其親筆自傳〔註123〕：1937 年 8 月，謝春木至香港從事情報工作，曾策動「臺灣反戰示威運動」，1939 年 2 月間，因此被捕者一千餘人。謝春木認為：「此種工作將來必須予以加強，而臺灣工作所以不振者，主要原因依然是經費困難與方向政策未完全決定以致之，或可以說政策已決定，而運用未臻妥善有以致之。」

〔註119〕　〈謝春木到廈密偵嫌疑被稽查隊捕去〉，《臺灣日日新報》，1936 年 7 月 11 日，漢文版第 4 版。〈厄介な籍民謝春木上海送還〉，《臺灣日日新報》，1936 年 7 月 17 日，第 2 版。

〔註120〕　青山和夫：《謀略的熟練工》，日本：妙義，1957 年，頁 268。

〔註121〕　潘世憲：〈回憶王芃生與國際問題研究所〉，後收入陳爾靖編：《王芃生與臺灣抗日志士》，臺北：海峽學術，2005 年 12 月，頁 43。青山和夫與王芃生早就認識，由李萬居帶至中國，在湖南衡陽兩人一度被視為日本間諜而被扣查，李萬居百般解釋，亦以身家性命作保，總算核准放行，帶青山和夫到達漢口。楊錦麟：《李萬居評傳》，臺北：人間，1993 年，頁 65。

〔註122〕　George Kerr，陳榮成譯：《被出賣的臺灣》，臺北：前衛，1991 年 5 月，頁 72～73。

〔註123〕　國史館館藏：〈129000021884A・軍事委員會侍從室・謝南光〉。

1939 年 3 月奉王芃生之命回重慶，任國際問題研究所同少將組長，擔任研究敵情及判斷情報各種工作。

國研所內擔任謝春木部屬的潘世憲回憶，1939 年 5 月初至重慶國研所工作，謝春木已在重慶，王芃生便安排潘世憲向謝春木學習情報工作之法。潘世憲的父親潘晉與王芃生是同鄉摯友，王氏是潘世憲的父輩，相當重用潘世憲，戰後受王氏推薦進入中國駐韓代表團，謝春木則受推進入駐日代表團。潘世憲表示，當時謝春木接受王芃生安排調回重慶後，曾改名「夏南陽」，爲躲避他人向蔣介石指控謝春木爲「共產黨員」、「行動詭秘」與「一鋪草席，露宿街頭」，另外袁孟超亦回憶謝春木曾化名「夏南陽」〔註124〕，不過從軍委會人事調查表所知，謝春木即謝南光、即夏南陽，在 1943 年已是眾所周知之事。關於謝春木的「共黨嫌疑」，並未因化名而結束，後來王芃生正式報請增設第四組（研究組），命謝春木爲組長，潘世憲爲副組長，但軍委會還是不予批准，王芃生不得已推薦謝春木到福建省劉建緒處任職，1941 年 11 月至 1943年 4 月謝春木擔任福建省政府秘書長，並從事外交僑務工作，1942 年 6 月出任農林公司協理，發揮他的農事專長。

筆者認爲謝春木調任福建永安，看似逃難之行，實則不然。謝春木正好利用職務之便，往返福建與重慶大後方，組織臺灣人抗日團體。研究者王政文以臺灣義勇隊隊長李友邦爲中心，說明義勇隊內三位領導人李友邦、張邦傑（按：原名張錫鈴）、謝春木三人的關係，總結李友邦與謝春木同有社會主義的理念，因而結盟孤立張邦傑的廈門勢力，研究者王政文認爲謝春木善於聯絡與對外發展關係，是謝春木能久居臺灣人抗日團體領導地位的原因之一，因此謝春木調任福建，勢必能增強自己在中國西南方的勢力，更能有效拉攏具有強大部屬班底的李友邦，而後張邦傑被排擠，第二屆常委則由宋斐如、李友邦與謝春木擔任〔註125〕。但宋斐如與臺灣黨部走得較近，使得宋氏與謝氏、李氏二人產生不睦。

1943 年謝春木在重慶被選爲臺灣革命同盟會的主任委員，任期兩年，直到戰爭結束前，他都留在重慶活動。從《內政部關於議復謝南光建議籌備臺

〔註124〕目前調查，尚未在 1938 到 1945 年之間，見署名夏南陽、謝南陽或南陽的評論。
〔註125〕王政文：《臺灣義勇隊：臺灣抗日團體在大陸的活動（1937～1945）》，臺北：五南，頁 158～169。張邦傑即張錫鈴，即前文謝春木與陳菊仙於上海保釋之張錫棋之弟，由此可知在中國抗日的臺灣人關係之複雜，戰爭爆發後，政黨派系鬥爭更趨紛亂。

灣省與行政院來往文件（1943 年 12 月 29 日～1944 年 2 月 3 日）》〔註126〕可見謝春木對臺灣設省的奔走，他提出四點設省意義：「（一）可表示祖國收復臺灣之決心；（二）可振奮臺人內向之精神；（三）可以準備戰後復原工作；（四）可正確列強之觀感。」行政院以臺灣歷史裡的鄭成功、清英戰爭後設省等，肯定臺灣的戰略地位，並認為雖臺灣面積、人口不足以建省條件，然臺灣在戰後勢必設省，但由於分隔多年須成立籌備會準備收復工作。

終戰前夕，謝春木在渝參加國民黨中央黨團訓練班第 25 期。國史館館藏謝氏於訓練班期間所撰自傳、工作報告提要與體檢，此份史料可謂在終戰前夕，總括謝春木生平事蹟與感想。1943 年 4 月 10 日「中央訓練學員體格檢查表」，顯示年過不惑的謝南光：身高 159 公分，體重 66 公斤，視力兩眼 1.2，聽力無礙，有輕微砂眼，乙等體位〔註127〕，健康狀況良好。潘世憲回憶，1944年底自己曾在重慶軍統局「幹訓班」講分析敵情的課，前一期講課的就是謝春木〔註128〕，因此謝春木不只是學員，後來還對「學弟妹」講授幾堂課。約 1945 年終戰前後，王芃生撤銷第四組，謝春木任主任秘書，潘世憲任第一組（敵偽組）組長，並有不少政治評論散見於各個報刊雜誌。

三、戰後：返鄉與投共

（一）1946 年返臺盛況

抗戰勝利後，謝春木先遷居上海，據楊肇嘉描述，當時上海「黃金、股票以及糧食價格的暴落」，憂喜參半的經濟景況〔註129〕。未能回臺任官的謝春木，在王芃生的安排下，成為「盟軍對日委員會中國代表團」的一員。1946年 5 月王芃生在南京去世，國際問題研究所也隨之撤廢。

1946 年 9 月 7 日，謝春木搭機自上海返臺，當天抵臺便與《民報》主筆黃旺成南下臺南，8 日下午北上彰化，9 日掃墓〔註130〕。10 日上午 10 點在田

〔註126〕《內政部關於議復謝南光建議籌備臺灣省與行政院來往文件（1943 年 12 月 29 日～1944 年 2 月 3 日）》，收入陳雲林編：《館藏民國臺灣資料彙編・第十六冊》，北京：九州，2007 年，頁 143～183。
〔註127〕國史館館藏：〈129000021884A・軍事委員會侍從室・謝南光〉。
〔註128〕潘世憲：〈回憶王芃生與國際問題研究所〉，收入陳爾靖編：《王芃生與臺灣抗日志士》，臺北：海峽學術，2005 年 12 月，頁 42。
〔註129〕楊肇嘉：《楊肇嘉回憶錄》，臺北：三民書局，1970 年 7 月，頁 346～348。
〔註130〕〈謝南光（春木）歸臺〉，《民報》，1946 年 9 月 8 日。

中第一國民學校大禮堂、下午 2 點在員林第一國民學校大禮堂演講〔註131〕。北上，11 日下午 3 點，同臺北市長游彌堅在中山堂舉辦一場歡迎會，《民報》報導標題為：〈日本「希望美國統治五十年」，臺灣青年應該參加祖國建設〉，其文呼籲臺灣青年應參加祖國建設復興，待國內國共紛亂平熄後，五年計畫即將開始，但中國在八年抗戰下教育文化不夠完整，技術人員匱乏，其時所需要臺灣大量技術人員支援，卻也直接替陳儀政府下失業的臺灣青年謀一條出路。他甚至在演講時大膽發言：「光復後，許多青年無不歡喜，如今彼等已失望悲觀，但如我們決心改革，此種失敗決非人力不能解決者。政治腐敗實為全國性問題，余有一點意見可供大家參考，如能實現縣長、市長、省長民選，眼前政治必能開明，唯有民主政治，始能澄清貪污政治，如官僚腐敗時，人民可能發勵罷免權而罷免之。」〔註132〕當晚則在臺北廣播電臺演講，講題〈為民主政治而奮鬥〉。謝春木指出此時戰爭已結束，然世界情勢以及臺灣政治的腐敗，讓臺灣人民憂心忡忡，他首談國外美蘇等西方帝國的軍事競賽，很可能造成「第三次世界大戰」之危機，批判世界情勢之所以混亂，乃英美等帝國主義的陰謀與壓抑，他呼籲列強應盡快實行戰時訂定的大西洋憲章；次談國內問題：「省長市長縣長民選以後，不健全的政治思想，就可以糾正過來，本省人與外省人的對立觀念，這種錯誤觀念自然可以消除，貪污舞弊的惡習也可以廓清，民主政治的前進，即是今日臺灣政治的原動力，進步的推進力。」〔註133〕兩場演講都含蓄地指稱陳儀執政下的臺灣怨聲載道，言下之意指出唯有盡快讓臺灣人民行使選舉權，即應盡速讓臺灣制度與中國各省平等，且落實民主選舉，方能弭平民怨。

　　1946 年 9 月 13 日離臺前一天，由「臺灣省政治協會」、「臺灣省文化協進會」及臺省記者公會、教育會、婦女會等五個團體，共同假臺北中山堂為謝春木合辦一場盛大的講演會，講題為「民主政治與民主作風」〔註134〕，提倡民主政治中人民罷免權，並宣揚選舉後的風度。當天《民報》社論〈謝南光氏歸臺，臺胞們心機一轉〉表示：「抗戰中，關懷祖國念重的人們，為避日人嚴重的監視，常閉門暗置收音機於床上被裡，冒絕大之危機，竊聽祖國抗戰

〔註131〕〈謝南光氏講演會在員林，田中舉行〉，《民報》，1946 年 9 月 11 日。
〔註132〕謝南光（演講稿）：〈歡迎謝南光，日人「希望美國統治五十年」，臺灣青年應該參加祖國建設〉，《民報》，1946 年 9 月 12 日。
〔註133〕謝南光（廣播稿）：〈為民主政治而奮鬥〉，《民報》，1946 年 9 月 12 日。
〔註134〕〈謝南光氏演講會十三日夜在中山堂〉，《民報》，1946 年 9 月 12 日。

消息，好幾次聽到南光氏的播音，由甲傳乙，凡屬本省人，未有不知道他的活躍，也沒有不盼望他來解放臺灣的〔註135〕。」可知部份臺灣人，特別是《臺灣民報》體系以來的讀者群，對於離臺十六年的謝春木並不陌生，故當謝春木返鄉巡迴演講時，可說是萬人空巷。9月15日返中臨行與民報記者語，《民報》標題爲〈前途必有光明〉〔註136〕。

二二八事件前夕，1947年1月5日謝春木在《民報》上發表〈民主與建設〉一文，關心臺灣時政，且直言批評陳儀政府貪污舞弊與做事不負責任，文中還提及1946年底預定來日接返臺僑的船隻，提前開船棄置臺僑事件。謠傳該船爲走私白糖才有此舉，真相如何未見政府說明。文中還提醒大家：「大家要小心準備，使官僚政治能移入民主政治，在還政於民的過程中不致發生令人切齒的事變〔註137〕」，這項警告不幸言中，令人痛心的二二八事變還是發生了。事件後，目前不見謝春木立即對事件發表言論，也許這時駐日工作的謝春木正在思考臺灣與自己的未來吧！

（二）中國駐日代表團工作

返鄉探親後，謝春木先回上海再赴日工作。在東京的中國代表團內，謝春木被視爲左翼分子。代表團第二組組長吳文藻，其夫人是作家謝冰心，第三組組長吳半農，三人與第二組副組長謝春木同爲代表團內核心的左翼核心分子，因而被稱爲「二吳二謝」。中共政權成立後四人陸續前往北京〔註138〕。戰後東京的臺灣左翼分子，以楊春松最爲活躍，他與中共秘密黨員設立「中國通訊社」爲中共宣傳，而楊春松經常拜訪中國代表團，將《大公報》、《文匯報》交給謝春木等左翼分子〔註139〕。

目前無見謝春木對二二八事件發表任何看法。根據國史館館藏史料，1948年11月〈保密局呈蔣中正臺灣獨立運動由來及地下組織領導人與其活動及國際間情勢之關係並陳因應措施等〉〔註140〕，謝春木對宋非我等人的

〔註135〕民報社論：〈謝南光氏歸臺，臺胞們心機一轉〉，《民報》，1946年9月12日。

〔註136〕〈前途必有光明〉，《民報》，1946年9月15日。

〔註137〕謝南光：〈民主與建設〉，《民報》，1947年1月5日。

〔註138〕王炳根：《世紀情緣：冰心與吳文藻》，合肥：安徽人民，2000年，頁241～249。

〔註139〕楊秀瑛：〈懷念父親──楊春松〉，《臺聲》，1985年5月號，頁12～13。

〔註140〕函中提到「地下組織之領導人及其活動」：主張臺灣獨立之地下組織領導人爲一流亡日本之臺灣浪人廖文毅、陳雨潭；另一支持者爲臺灣獨立聯盟主席章

行動的看法：「此間臺人雖大多數對中國政府不滿，但此間並無爭取獨立之臺人地下運動。合眾社所傳臺灣秘密團體，實係香港及政府之民盟所利用之一群走私犯等所爲」，這段發言表達了對宋非我等的同情，此時距 1949 年 12 月 13 日在日臺灣人所召開的「在日臺灣省民各界代表會」還有段時間，謝春木的心中尚未服膺協會要旨：「支持中共政權，並排除外國干涉臺灣，消滅海外臺獨運動及託管運動」〔註 141〕。至於具體支持中共的行動，應該要到 1949 年以後，丘念臺曾在回憶錄上說，1949 年春南京陷落後，謝春木曾勸說他投共〔註 142〕。

1948 年 8 月，美國發表《中國白皮書》批評國民政府腐敗無能。謝春木則在《華僑新聞》上攻擊蔣介石。駐日代表團親共的風聲傳回國內後，外交部於 8 月下旬派吳鐵城與汪公紀赴日，但左翼人士仍策畫在 10 月 10 日將代表團轉爲中共的駐日機關，這項行動最後是被當時代理團長沈覲鼎壓制下來〔註 143〕。部份在日臺灣人傳言，事敗後謝春木是在團長朱世明的包庇下自動請辭而離開代表團。根據國史館館藏〈唐縱等呈蔣中正華人在日所辦報紙華僑民報業已查封國際新聞及新華報爲匪在日之機關報宣傳反動應予打擊或清除內部匪幫份子等〉，謝春木等曾在日辦《國際新聞》：「每日銷數在五萬份以上，虧債十餘萬美元，現金全爲共匪利用。聞何團長世禮曾予補助美金貳萬元，並每月補助，但該報態度至今仍未見改善」，後收錄 1951 年 2 月 3 日何世禮電呈臺北周宏濤函，文中提到：「去年朱前團長核定，對大阪國際新聞，貸與美金二萬元，爲期一年。自 39 年 5 月 31 日起，至 40 年 5 月 30 日爲周轉之用，其唯一條件爲該款貸出後，該報不得反國策反對政府之言論。……最近且已通知將該款收回，外聞所傳每月津貼二千美金一節，絕非

某，三月間該廖潛居香港時，曾派其部屬陳梧桐（二二八要犯）偕同黃連襟，攜帶價值港幣約五六萬元之糖精前往日本，以該項糖精售得之疑，充東京臺灣獨立運動地下組織活動費，並在東京印發宣言，宣傳臺灣必須獨立等理由。本月九日，廖復派其得力幹部，宋非我自日本繞道香港，轉赴臺灣，與一般文化界人士接觸，並擬組織一劇團，吸收知識青年，暗中從事活動，作宣傳獨立工作，據其宣傳以得盟總之支持。國史館館藏：〈002－080200－00335－029·保密局呈蔣中正臺灣獨立運動由來及地下組織領導人與其活動及國際間情勢之關係並陳因應措施等〉。

〔註 141〕遠藤三郎：〈十二年ぶりの中國〉，《日中》2 卷 9 期，頁 39。
〔註 142〕丘念臺：《嶺海微飆》，臺北：中華日報，1962 年，頁 321。
〔註 143〕沈覲鼎：〈對日往事追記（19）〉，《傳記文學》29 卷 6 期，臺北：傳記文學，1976 年 12 月，頁 121。

事實。謝南光在該報創辦時雖思染指，但現在已由林炳松完全負責〔註144〕。」
從以上記述可知，謝春木日漸成為蔣介石政府的眼中釘，而朱世明對其之寬
厚。

（三）前進北京

1950 年，離開代表團的謝春木參加日本左翼人士組織的「日中友好協
會」，該會是為了推動日本早日承認中共政權而成立的團體〔註145〕。也就是
說，二二八事件後，海外臺灣人再度分裂為臺共黨員為主的祖國派與廖文毅
為首的獨立派。謝春木雖非臺灣共產黨成員，但也屬於支持中共政權的陣營。
同時謝春木還在橫濱山下町，經營「天德貿易有限公司」，從事對大陸貿易，
開始以商人身分出席政商場合，與日本左傾財界人士管原通濟和作家鹿地亘
皆有來往〔註146〕。

1952 年五月二日，謝春木應日本政界人士風見章之邀，在銀座交詢社對
日本政商界人士作了一場講演，題為《中共的力量從何處來？》〔註147〕，他
列舉許多事實與數據，將「中國人對革命的態度」，「國民黨為何失天下？」「中
共為何得天下？」「中國的復興與中日關係之將來」各點娓娓道來，當他講到：
「中國願與日本做生意，中國今後要建十萬里的鐵路，百萬里的公路，五百
萬噸的商船，和發展中國農業所必需的肥料、農具、農業藥品、種子、以及
從事各種工業建設所需要的機械、水泥、鋼鐵，甚至紙張，衣料、日用品……

〔註144〕國史館館藏：〈002－080200－00344－035・唐縱等呈蔣中正華人在日所辦報
　　　　紙華僑民報業已查封國際新聞及新華報為匪在日之機關報宣傳反動應予打擊
　　　　或清除內部匪幫份子等〉。此史料還收錄1951年2月5日唐縱等人，對在日
　　　　與中共相關報社之調查：當時華人在日本東京所辦報紙，計有《華僑民報》、
　　　　《新華報》及《國際新聞》三種。《華僑民報》與《新華報》均係中共在日之
　　　　機關，1950年9月28日日本政府查封停刊《華僑民報》。《國際新聞》內部
　　　　多為中共份子，往往引用中共新華社北平電訊，刊載有利及有關中共消息，
　　　　而中國駐日代表團，尚按月予以美金二千元之津貼。對於《新華報》似可由
　　　　我國駐日代表團，透過麥帥總部予以打擊，對《國際新聞》宜促將內部中共
　　　　份子，設法清除，否則停止津貼。另一份文件修正，在日無《新華報》，只有
　　　　中國紐司社，多採中共新華社電訊。
〔註145〕日中友好協會（正統）中央本部編：《日中友好運動史》，東京：青年，1975
　　　　年，頁31。
〔註146〕文郎譯：〈日本人眼中的謝南光〉，《中聲晚報》，1952年8月17日。（原載《朝
　　　　日週刊》，7月27日）
〔註147〕演講稿刊載於隨後出刊之綜合雜誌：謝南光：〈中共の力はどこから來るか─
　　　　─最近の中國事情〉，《文藝春秋》7月號，1952年7月。

等等，都對日本經濟有重大的關聯……」更加引起日本人興趣〔註148〕。嗣後，謝春木經香港返回大陸福建，從事對臺廣播。

　　謝春木初回到大陸時，曾在福建擔任對臺廣播工作。1954 年以「特別招待人」身份出席政治協商會議。之後宦途平步青雲，1956 年 2 月擔任中國亞洲團結委員會委員。8 月擔任中國人民外交學會理事長。1959 年被選為第二屆全國人民代表大會華僑代表。1967 年雖爆發文化大革命，但由於其擔任對日工作的要職，受到中共保護，並未遭到嚴厲的批鬥。1969 年 7 月 26 日，謝春木因心臟病在北京去世，結束了他從事「抗日」運動到「中日友好」運動的一生〔註149〕。

〔註148〕浩蕩：〈神秘人物謝南光〉，《星島晚報》，1952 年 7 月 21 日。
〔註149〕何義麟：《跨越國境線——近代臺灣去殖民化之歷程》，臺北：稻鄉，2006 年，頁 86。

第三章　謝春木跨時／地的文化抗日與思想傳播

第一節　左翼知識人謝春木的萌芽與茁壯

一、追風少年：從〈彼女は何處へ？〉到〈詩の眞似する〉

　　1921 年謝春木赴日求學，先後發表日文小說與新詩，雖此兩篇作品是完全不同的文類，但細究其中思想意涵，便能一窺「追風」少年所思索的議題。1922 年發表的小說，該文描寫一位名叫桂花的高女生，在父母之命、媒妁之言的情況下，與一名留日臺灣學生清風訂下婚約，因著這婚約，除了表哥之外從未與異性交往的桂花，心中悄悄對未婚夫滋生愛苗，親手為他縫製衣衫，鎮日編織綺麗夢景，期待相逢的一刻，豈知清風對這個婚約並不知情，早已與另一名女子阿蓮彼此愛慕，兩情繾綣，當清風得知有這場婚約，並且也曉得桂花對他傾心愛慕之時，雖然感到痛苦，但卻不願因同情而委屈求全，不願讓三個人同時陷入痛楚的深淵，因此以一封信箋，明言婉拒了桂花的愛情，桂花展讀清風的書信之後，一度猶如跌入千巖萬壑，失去生之意志，小說最後則以充滿陽光的場面收尾——桂花重新振起，東渡日本求學，尋求自己的新天地。謝春木以五個段落來寫一名女子從織夢、夢碎到夢醒的過程，分別是「待たれる入船の日」、「清水へ行く帆影」、「戻る指環」、「病外の病」、「出る船」。小說主旨是要批判傳統婚姻制度，控制它對純真青年男女的毒害；比

較特別的是，謝春木此文之中沒有一個人是眞正的「惡人」，包括爲桂花訂下婚約的母親、以及婚約的男主角清風，他們雖然是桂花痛苦的造就者，卻又都成爲她的救贖者。

　　謝春木企圖透過這篇小說，表達他的婦女問題觀——臺灣女性的遭遇確實悲慘，猶如身處人間煉獄一般，然而這種痛楚並非單一父母或單一男子所造成的，主要還是由於整體社會制度都還背負著舊禮教的包袱，除非勇敢地對抗救禮教，改革社會制度，否則臺灣女性永遠無法走出悲運：

> 這都是因爲我們的婚姻制度造成的。打破這種制度的時候到了。世上跟我們一樣境遇的人，絕不僅是一兩個而已。我們必須對我們的社會制度，點燃起改革的烽火〔註1〕。（清風語）

> 我不再怨誰了。這不是阿母的罪，也不是清風的，都是社會制度不好，都是專制家庭的罪。我祇是犧牲者之一而已。正如表哥所說，整個臺灣不知有多少人爲這制度而哭著。如今我都明白過來了。我要爲這些人奮鬥，勇敢地奮鬥下去〔註2〕。（桂花語）

> 這都是我們的社會習慣造成的。也是因爲婚姻制度不好。男人還有一點自由，我們女人非絕對服從不可。社會在迫使我們養成奴隸根性。不祇這些，萬一被男人毀棄婚約，社會便用疑惑的眼光來看我們，隨便說長道短。因此上吊而死的就不知有多少〔註3〕。（年輕女子語）

〔註1〕 追風，鍾肇政譯：〈她要往何處去——給苦惱的姊妹們〉鍾肇政・葉石濤主編，頁12。原文：それは私達の結婚制度に崇られたがらです。私共は今此を破壊すべき時に達してるろのです。世の中に私達と同じる境遇に泣いてるろものは決して一人や二人ではないのだ。私共は今我が社會制度に革命の烽火を舉げなくてはないのだ。

〔註2〕 追風，鍾肇政譯：〈她要往何處去——給苦惱的姊妹們〉鍾肇政・葉石濤主編，頁28。原文：私はもう誰をも怨みません。母樣の罪でもなけれは清風の罪でもありません。全く社會制度罪の罪です、媒妁制度の罪です家庭專制の罪です。私はその犧牲になつた一人に過ぎません。兄樣が言つたやうに臺灣では私と同境遇に泣いてるろものは決して少くありません。私は今それを明つきり見ろことが出來ます。私は彼等の爲に此の敵と戰はなければなりません。私は彼等の爲に此の敵と戰はなけぼなりません。強く、勇敢に戰ひます。

〔註3〕 追風，鍾肇政譯：〈她要往何處去——給苦惱的姊妹們〉鍾肇政・葉石濤主編，頁34。原文：私達の社會の習慣か惡かつたがらです、結婚制度が惡いからです。男には多少の自由はあるが私達女には絕對に服從しなくてはならぬですもの。社會は私達女に奴隸根性を強ふるのです。そればがりでない。

　　像我們有一張嘴可以辯明的還好，還算幸福。我相信世上愛到迫虐，連一言半句都不能講的可憐蟲一定很多。想說也說不出來。像現在這一刻，整個臺灣必定有幾個在痛苦流涕的。所以我們要以先知先覺自認，代替她們想出救贖的辦法才好，這也是我們的義務。我們必須為臺灣的婦女點燃起改革的火燄。時機到了。讓我們為被虐待的臺灣婦女，努力讀書吧〔註4〕！（桂花語）

很明顯的，謝春木是藉由清風、桂花與另一名少女之口，呼籲臺灣知識階層女性挺身，為臺灣的婦女大眾爭取人格、權利與尊嚴。這篇小說在技巧上確實沒有特殊之處，平鋪直敘，企圖「文以載道」，以致情節缺乏張力，而為了要讓女主角從夢境中猛醒，更為了讓猛醒後的她說出一番激勵臺灣知識婦女的話，在轉折處頗顯突兀，於是人物個性模糊，其內心之掙扎過程更形跳躍，以致結尾陽光滿溢的情境反倒如夢似幻，於是原是一篇寫實小說，卻又透著非寫實的感覺。

　　謝春木的新詩只此一組，故未能呈顯出完整之詩風格。以〈詩の真似する〉來看，謝春木正試著在形式上打破以往舊詩的韻腳與對仗格式，而以長短句的新詩形式來寫事說情，也許在文字的切斷與連結之處理上仍顯生澀，但是就新詩奠基期的作品而言，仍能從中看出謝春木優秀的文字掌握能力，可惜他未能持續寫詩，否則應該能夠逐漸創作出自己的詩風格才是。

　　從發表小說的 1922 年 5 月至新詩完稿的 1923 年 5 月，甚至是發表新詩的 1924 年 4 月，這段期間，謝春木經歷了什麼？他又思索著什麼？謝春木在王白淵《荊棘之道》序文言：「我們在師範學校接受的思想是德意志的理想主義。我們都是從觀念論……帝國主義者的思想武器……出發。我們的確描繪過快樂的烏托邦，然而，我們自己唾棄了這份尚待斟酌的慶幸，並非後來的

男がら破約されたが最後、社會が疑の眼を以て私達を見ろ、勝手の尊を立てます。その爲に首を縊つて死んだ者は幾何もあります。

〔註 4〕追風，鍾肇政譯：〈她要往何處去——給苦惱的姊妹們〉鍾肇政・葉石濤主編，頁 34～35。原文：私達のやうに鮮明の口を持つて居るものは良い方です。幸福な方です。世には虐げられても一言半句も言はせない。現に私共が此で話して居ろ間に臺灣何處がで悲鳴を舉げてるろ者が二人三人はきつと有ろに相違ありません。ですがら先に覺あた私達は此等の人達に代つて救の道を講じなくではなられと思ひます。それが私達の義務です。私達は臺灣の婦人社會否一般社會に革命の烽火を放たなくてはならぬ時機に達したのです本常に虐げられた臺灣婦人の爲に勉強ませうね。

事〔註5〕」，暗示兩人約莫自師範學校畢業後，思想逐漸轉變的過程。1923 年治警事件後，謝春木好友王白淵因在臺就業失利轉而留學日本。因治警事件與好友遭遇，使謝春木的政治熱情快速甦醒。1923 年至 1926 年，東京臺灣青年會組織文化講演團，利用暑假返鄉巡迴演講，目的在藉由與臺灣民眾面對面的方式，做文化改革的草根運動，啓發昏昧的民眾。雖然 1925 年年底，謝春木因「二林事件」，退學回鄉營救親友，但 1926 年暑假仍擔任講演團講師。

1923 年該演講團預定 7 月 16 日，由剛返臺的吳三連、張聘三、謝春木、黃周、林仲輝、郭國基、呂靈石、陳金蓮、林萬金，從 7 月 21 日起至 8 月 7 日止，先後在臺北、基隆、臺中、彰化、臺南與高雄講演〔註6〕。三次演講團的內容，均以現代化、自我（個人／臺灣傳統社會）改造、加入世界家庭爲主要訴求。譬如，前二次的題目有，「家族制度和婚姻制度」、「個人主義發達之道」、「現代思想的基調」、「商業教育的必要」、「臺灣將來的經濟政策」、「國際聯盟的概念」、「爲女性」等，探討臺灣社會近代化問題的一些講題。第三次則著力於介紹構成西方現代價值之基本思想，譬如，「文化是什麼？」、「社會心和社會人」、「放棄自由之罪」、「現代人的義務」、「人的價值」、「國際聯盟和民族自決」等等〔註7〕。研究者柳書琴認爲，諸演說中，雖不乏一些從政治面提出的反帝國霸權論述，但是對西方價值及西方中心文明史觀，並沒有太高的警惕。整體而言，把以「現代」、「自由」、「文明／文化」……爲標竿的西方先驗性優越價值，透過文化啓蒙經由日本輸入臺灣，便是這些充滿使命感的學生們改革鄉土的指針〔註8〕。

這些青年學生的講演，深獲鄉民好評，自然也遭日本殖民當局的威壓〔註9〕。其後謝春木擔任《臺灣民報》記者，1924 年他以日記體的報導文

〔註5〕 謝春木：〈序〉，王白淵，陳才崑譯，《荊棘的道路》，彰化：彰化縣立文化中心，1995 年，無頁碼。

〔註6〕 〈東京臺灣青年團 組織文化講演團〉，《臺灣民報》第 4 號，1923 年 7 月 25 日，頁 11。

〔註7〕 何義麟：《臺灣知識人における植民地解放と祖国復帰——謝南光の人物とその思想を中心として》，東京：東京大學總合文化研究科國際關係論修士學位論文，頁 14～16。

〔註8〕 柳書琴：《荊棘之道：旅日青年的文學活動與文化抗爭》，臺北：聯經，2009 年 5 月，頁 39。

〔註9〕 7 月 30 日下午七點半，臺中林氏祠堂開講。吳三連講戰後經濟問題、呂靈石講道德及禁酒受到注意，被命中止。31 日聽到謝春木等人用臺灣話講演。〈文化講演及中止〉，《臺灣日日新報》，1923 年 8 月 2 日，第 6 版。

學形式，爲「文化講演團」的盛況留下歷史的見證〔註10〕：

> （七月）十九日，藉臺南公館，開今夏講演的第一聲……當日雖然落雨，而聽者滿員，溢於兩窗，可察在臺同胞對於文化向上的努力。……廿二日，於臺中樂舞臺……呂君受中止，大部分是由於其丰采所致，這是警官的告白，也是一個好笑話，他說「臺人應該復興鄭成功渡來當時祖先的意氣」乃受可愛的「辯士中止」之聲，是時聽眾拍手如雷，把此熱場謝君莞爾登場，述新臺灣人近來的意氣，引一二例激勵聽眾，以爲閉會辭，會閉而拍手尚不息，中有連呼警官橫虐者，戀戀不捨，而盡退場，時已近十一時，可紀念之一日〔註11〕。

> 廿四日，於豐原聖公廟，當日有力者諸君請戲無料求觀之苦心，也不是妨害吾輩的正舉，雖天氣不好尚且滿員無立錐之餘地，場外不得入者有兩三百名，可謂盛會。……廿七日，基隆聖公廟……基隆的警官眞可惡，干涉場所無所不至，至深更二時井阪刑事訪問廟的管理者，夜半叩門叫起，不但安民的妨害，弄出種種威迫的言辭〔註12〕。

> 是夜寄宿於草屯俱樂部，當夜自會場歸來談笑之間，突然有聞「牛賊！牛賊」之聲，一同舉火搜探，忽然見一黑影，走過賊已走，而牛不失，皆曰免追，而歸坐談隔日，聞其事實是刑事非牛賊，一場喜劇，可留於後人〔註13〕。

從謝春木這些簡短的記述中，我們已然能夠窺知當年「文化講演團」的盛況，謝春木言詞犀利辯才無礙，是演說團的主將。從這些日記體的報導文字來看，

〔註10〕此行有呂靈石、溫成龍、連震東、張聘三、莊遂性、謝春木六人，自 7 月 18 日起，由臺南北上、臺中、臺北、基隆，28 日南下南投，30 日結束行程。追風：〈東京留學生夏季回臺 講演日記〉，《臺灣民報》第 2 卷第 17 號，1924 年 9 月 11 日，頁 13～14。追風：〈東京留學生夏季回臺 講演日記（續）〉，《臺灣民報》第 2 卷第 18 號，1924 年 9 月 21 日，頁 13。追風：〈東京留學生夏季回臺 講演日記（三）〉，《臺灣民報》第 2 卷第 19 號，1924 年 10 月 1 日，頁 11。
〔註11〕追風：〈東京留學生夏季回臺 講演日記〉，《臺灣民報》第 2 卷第 17 號，1924 年 9 月 11 日，頁 13～14。
〔註12〕追風：〈東京留學生夏季回臺 講演日記（續）〉，《臺灣民報》第 2 卷第 18 號，1924 年 9 月 21 日，頁 13。
〔註13〕追風：〈東京留學生夏季回臺 講演日記（三）〉，《臺灣民報》第 2 卷第 19 號，1924 年 10 月 1 日，頁 11。

其內容極盡活潑流轉，頗能掌握事件現場的動感，使人讀之如臨其境〔註14〕。

　　師範教育出身的謝春木，非常關心殖民地同化教育及差別教育的問題。1923 年 3 月發表〈前川女學校長の所論を讀む〉，檢討殖民地教育失當之處，同時對日本教育者的民族偏見提出嚴厲批判。1924 年 4 月發表〈硝子越しに觀た南朝鮮〉，透過遊記式的文體，報導同是日本殖民統治下的南朝鮮人的生活景況，破落的村里中，處處浮透過貧窮的陰影，謝春木對南朝鮮人的抵抗精神和當地施行日朝差別教育，感觸良多。他的教育評論，批判殖民主差別統治的心理，並揭示殖民教育意識形態控制的陰暗面，可以說是他殖民批判的寓言。

　　研究者柳書琴認為，若〈她將往何處去？〉是從本土社會之自我束縛（封建性），揭示覺醒者不得不出走的原因，那麼這些教育評論則從日本的殖民改造（殖民性），否定了島內教育養成進步思想的可能性。因此為什麼要前進東京？對謝春木來說那是由於——以婚姻、教育分別象徵的封建社會與殖民政治，無法讓蒙受新世界神話洗禮的殖民地知識青年得到滿足。高舉現代性的殖民進步主義固然懷柔懾服了不少臺灣人，但是教育控制卻不見得分毫無差的達成認同改造任務，覺醒者謝春木也不是絕無僅有的〔註15〕。

　　根據研究者何義麟指出，謝春木返鄉演講的前二次講題，也以教育為主。譬如，「教育的一般化」、「科學態度與日常生活」、「現代教育的特色」、「教育的個性化和社會化」等。謝氏思想的激化發展在 1925 年第三次返鄉演講時有所流露。該次演講期間正值二林蔗農組合結成，各地農運活絡之際。穿梭各地演講，親身接觸各地農運的他受到不少刺激。一改前兩次的教育評論，這時他開始以「報紙的力量」、「報紙和社會生活」、「民主政治和報紙」、「報紙是社會公器」、「立憲政治和報紙」等，極力介紹報紙的社會角色與社會責任。這段返鄉演講中的體驗，也成為他歸臺後以新聞人投身農運前線的因緣之一〔註16〕。

　　在第三次返鄉演講前，謝春木發表〈詩の眞似する〉。研究者蕭水順將謝

〔註14〕 楊翠：〈新文學的實驗者——謝春木、施文杞〉，施懿琳、楊翠合著：《彰化縣文學發展史》，彰化：彰化縣文化局，1997 年 5 月，頁 150。

〔註15〕 柳書琴：《荊棘之道：旅日青年的文學活動與文化抗爭》，臺北：聯經，2009 年 5 月，頁 40。

〔註16〕 何義麟：〈臺湾知識人における植民地解放と祖国復帰——謝南光の人物とその思想を中心として〉，東京：東京大學總合文化研究科國際關係論修士學位論文，1993 年 3 月，頁 13～16。

春木的這組新詩，分為二類：「土地」主題（〈番王を讚美する〉、〈石炭を稱へる〉、）與「戀愛」主題（〈戀は成長する〉、〈花咲く前〉），此時臺灣土地問題頻仍，謝春木應有所耳聞，以土地為創作主題，自然能夠理解。然研究者陳秋櫻以「反殖民男性菁英建構我群認同過程中利用女性的手段與象徵意涵」的角度，將小說〈彼女は何処へ？──惱ある若き姊妹へ〉中的女主角「桂花」視為「臺灣」，筆者認為亦可以此角度，將另外兩首「戀愛」主題（〈戀は成長する〉、〈花咲く前〉））的傾訴對象，視為「臺灣」。故從〈彼女は何処へ？〉到〈詩の眞似する〉，儘管非同一文類作品，其中的思想意涵，仍有共通之處，也反映「追風」少年謝春木從中產階級、知識分子最在意的「教育」議題，轉向更深入中下階層所關心的「土地」議題，而這也是殖民地人民最基本的生存權。

二、也是「一記者」：《臺灣人は斯く觀る》、《臺灣人の要求》等政治評論

（一）廣泛議論的左翼新聞人

以二林事件為一分水嶺，之前從文化啓蒙、教育革命、臺灣議會設置等層面來探求臺灣社會問題的謝春木，逐漸轉而關心臺灣人（特別是占人口絕對多數的農工大眾）的生存權問題。謝春木曾在好友王白淵《荊棘之道》：「畢業於東京高師的我，理應當老師卻成了記者。臺灣文教當局不容你當繪畫老師，說你沒有職位，可是繪畫老師卻從日本內地請來。這是血液帶給人類社會諷刺的一種存在〔註17〕」。謝春木偶以「追風」發表評論，或與其他《臺灣民報》記者相同，以署名「一記者」帶過。回臺以後，1925 年謝春木任職於臺灣民報臺北支局，擔任《臺灣民報》編輯與記者工作。日益蓬勃的農工運動，成為他關切的重心。擔任報紙主幹、主任及委員等要職，積極投入農工運動前線的他，很快便成為臺灣文化協會及後來臺灣民眾黨中的活躍分子。研究者柳書琴認為，在謝春木體認到輿論公器的重要性以前，教育是他思考、批判殖民體制的一個熟悉的切入點。1925 年以後從社會公器角度提倡報紙（當時最主要的大眾媒體）重要性的他，也注意到了輿論壓制、操作、生產、控制等輿論的政治性問題。謝春木對教育、報紙等問題的評論，顯示他對國家

〔註17〕 王白淵，陳才崑譯：《荊棘的道路》，彰化：彰化縣立文化中心，1995 年，無頁碼。

機器的意識形態生產，特別是對殖民地大眾意識形態的改造與控制有其一貫關心，且其關心有日益朝向社會群眾深入的傾向。從這一方面可見謝氏思想獨特之處，同時也可看見 1922 年小說〈彼女は何処へ？〉中，未曾展現的新面向。

謝春木寫作相當多的議論性文章，中日文皆有，不過大體上仍以日文居多。一般來說，謝春木頗擅報導性文章，他的觀察力相當敏銳，又能掌握報導對象的精神內質，同時文字活潑生動，因此，他在《臺灣民報》上頭的許多報導性夾雜議論性文章，都頗有可讀性。

謝春木首先批評臺灣的法律。1926 年元旦他發表〈臺灣人的法律生活〉，以「食柑」為喻，諷刺內臺法律不平等：

> 食柑的時候，其皮，其種子必汙著地面，汙穢難堪，不得不清掃，
> 也有情理，日本內地的政治家想，國民若賦予普選，牛頭馬面也得
> 著神聖的一票，無知的下流階級必增長不守己安分之風，從中必發
> 生種種過激思想，釀出對於資本家，權力階級不利的思想及行動出
> 來，緊緊要用幾箱石碳酸，大型預防消毒，盛行清掃，造出一個新
> 案特許的消毒劑出來，藥名叫做治安維持法，這個萬能高也輸入我
> 臺島無食柑也著清掃，無吐瀉也著隔離了〔註18〕。

有鑒於臺灣民眾的法律知識甚少，同年 4 月連續刊載多回的〈平民常識〉，向一般民眾介紹諸如治安警察法、臺灣違警例等法律條文，由於這些律令與人民日常生活均息息相關，然而一般民眾卻絲毫不知法條內容，於是經常任由日本警察欺凌。謝春木的原意是「我們的希望，卻不只限在介紹法律，其他政治、以及列國植民地法制、經濟、社會等等，如認為要緊的常識，皆要翻譯出來，介紹給讀者諸君作參考〔註19〕」，可惜這個願景並未見諸報章。

由於謝春木的寫作力十分旺盛，因此他也是少數在日據時代即出版專著的臺灣寫作者之一：1930 年出版《臺灣人は斯く觀る》，1931 年出版《臺灣人の要求》兩本時政評論著述集〔註20〕。1930 年 8 月蔣渭水等人主持之《洪

〔註18〕 追風：〈臺灣人的法律生活〉，《臺灣民報》第 86 號，1926 年 1 月 1 日。

〔註19〕 追風：〈平民常識〉，《臺灣民報》第 100 號，1926 年 4 月 11 日。

〔註20〕 謝春木：《臺灣人は斯く觀る》，臺灣民報社，1930 年 1 月；《臺灣人の要求》，臺灣民報社，1931 年 9 月。日後中譯本為謝春木著，郭平坦校訂：《謝南光著作選（上）（下）》，臺北：海峽學術，1999 年 2 月。

水》報刊行時，謝春木與黃白成枝〔註21〕共同擔任編輯。這份刊物屢被禁刊，透露了謝等人言論被官憲視為必須提防的對象。1931 年 2 月，民眾黨因日益左傾化的發展，遭到總督府禁止處分「光榮戰死」，而謝春木於該黨的左傾化發展及黨解消後的理念繼承上，都扮演了重要角色。

謝春木在《臺灣人は斯く觀る》自序：

> 本書並非要論述某一系統的觀點，而是要表明作者、表明一個臺灣人，對臺灣島內、日本內地及中國所發生的事情的看法及感想。故不是為了宣傳某一主義的觀點，而是要明確臺灣人的立場。……臺灣是三個民族的共同生活地，臺灣居民與其戰戰兢兢地承認這一事實，倒不如勇敢地正視這一事實，明確相互的立場，尊重相互的立場，形成彼此接受的政策，才能創造真正融洽和睦的共同生活。征服對方是不能取得圓滿的結果的。日常經驗告訴我們，若將自己的思想強加於人，即會招致彼此關係的惡化。關於這一點，敬請在臺灣的日本內地人讀一讀拙作〔註22〕。

此書由兩個單元組成，第一單元是主題「臺灣人如是觀」，以一個臺灣人的角度，對現實社會的各項議題提出討論，收錄部分他曾在《臺灣民報》發表過的文章。該單元並非全然以文章發表順序編輯，前面幾章皆是較具國際視野地介紹中國現況〔註23〕，後面幾章探討殖民地臺灣的社會議題，以探討政治層面最多，亦有不乏涉及教育、法律與經濟與農工問題〔註24〕；第二單元則是「新興中國見聞記」，為他於 1929 年赴中參觀孫文南京奉安祭，順道遊覽時，對新興的中國政治社會文化的觀察，寫下記錄並議論之，此單元容第四章闡述。

〔註21〕謝春木著、白成枝編：《洪水報》創刊號，政大百年樓館藏。

〔註22〕謝春木著，郭平坦校訂：《謝南光著作選（上）》，臺北：海峽學術，1999 年 2 月，頁 3。

〔註23〕介紹中國的文章有〈國民黨的農民政策〉、〈列寧主義和孫文主義〉、〈孫文主義和新政治組織〉、〈中俄紛爭〉、〈田中內閣的對華政策〉。

〔註24〕政治方面有〈政友會的新政策〉、〈似是而非的自治制之真面目〉、〈總督府評議員的身份調查〉、〈奪回民權〉、〈最妙的總會對策〉、〈所謂的清明政治〉、〈薪俸預算和本島人的地位〉、〈官吏減薪〉、〈地方長官會議和我們〉、〈解散 總選舉 我們〉；教育方面有〈共學制與我們〉；法律方面有〈法律道德的破壞者〉、〈警官的素質問題〉與經濟與農工問題〈要求調整產業政策〉、〈探討土地政策〉、〈應覺醒的臺灣商人〉、〈臺灣茶商權的前途〉、〈墓地爭議〉、〈臺灣農民的命運〉。

　　《臺灣人の要求》可說是臺灣自 1920 年至 1931 年之間的社會實錄與社運史，謝春木在該書序：

> 本書通過探索近十年來臺灣社會運動的軌跡，尤其是民眾黨的發展過程，以展示臺灣人以往在政治、經濟、社會上的要求，故而命名《臺灣人的要求》。絕不能說我們過去沒有錯誤，差別僅在於是將其隱藏還是公開加以反省。我們決心展示出我們過去的真實面貌，也許看到這些紳士們會感到不快，而年輕的鬥士們則會批評這種展示和反省不徹底。但是雙方的責難本身就表明了我們的現狀，所以我甘受雙方的責難，並希望雙方共同克服這些問題。……另一種非難大概是「不夠深入」、「論述不充分」之類。確實，我也是這麼認為。
>
> 　　但書中內容多處被刪，這一說明可算是對該非難的回答吧〔註25〕。

兩本書之前言，皆提到「日趨嚴格的新聞檢查」，且為躲避總督府的監督，謝春木在多處評論中，仍是以「如果總督府這樣做，將會導致『本島』與『內地』關係惡劣」的邏輯來奉勸總督府，如〈所謂的清明政治〉末提到：「徹地的乾親政治，使我們看到一齣活生生的戲劇。由此不僅導致了使內地、臺灣人敵對意識的尖銳化，而且出現了破綻百出時發生政變〔註26〕。」以往研究者常因謝春木戰後的政治選擇，將其歸類為自文協分裂後，臺灣民族眾多認同中，代表「中國漢族認同」的人物〔註27〕，此點仍待商榷。從謝春木 1925 年歸臺到 1932 年赴中定居期間，他的活動、言論與創作仍以「臺灣人」自居，關心國際與臺灣社會議題，而他的「漢族意識」，也許係因臺灣民眾黨被禁前，與中國大陸的接觸日增所致，而 1925 年 5 月第三次黨大會召開前，謝春木經

〔註25〕謝春木著，郭平坦校訂：《謝南光著作選（下）》，臺北：海峽學術，1999 年 2 月，頁 279～280。

〔註26〕謝南光著，郭平坦校訂：《謝南光著作選（上）》，臺北：海峽學術，1999 年 2 月，頁 98。

〔註27〕方孝謙認為：臺灣民族認同於臺灣文化協會分裂後，有佔據「中國漢族」位置的（謝春木），也有站在批評中國民族性位置的（陳逢源）：有消極主張「臺灣漢族」自治自保的（林獻堂、蔡培火），也有積極倡導以統一閩南語「自由」結合的「臺灣型民族」者（連溫卿）：雖然整體上是反對大和民族佔領臺灣的，卻也有人以「臺灣人全體」（蔣渭水）或「同胞」（蔡培火）試圖容納日本人中的友人：最後也有從留學或者實際經驗中選擇從「階級」位置上發言的（許乃昌、蔣渭水）。參見方孝謙：《殖民地臺灣的認同摸索》，臺北：巨流，2001 年，頁 119。

由日本前往大陸旅遊，並代表民眾黨參加孫文改葬南京中山陵的儀式，而逐漸強烈，其思想軌跡應予以釐清。

　　戰爭時期國共合作，左翼、共產思想在戰爭中不減，反而還在合作時交流滲透。抗戰時期「祖國派」的臺籍人士，在戰後有一部份人立即加入中國共產黨。直到 1949 年中國共產黨政權確立才加入的臺籍人士則稱爲「新祖國派」，故兩岸政權分治的情況下，「祖國派」與「新祖國派」的選擇，儼然成爲國族認同問題。但這不僅是選擇政權，對於知識分子來說，認同政權所尊奉的思想精義，應該也相當重要，也就是說對謝春木而言，是如何理解孫文學說與列寧主義，以致於當「三民主義收復臺灣」破滅後，使其轉而投靠傾向列寧主義的中共。其實回歸謝春木 1920 年代末的言論，即能見蛛絲馬跡。1927 年 11 月 20 日在《臺灣民報》上發表〈列寧主義和孫文主義〉：

> 晚年孫文和握有實權的晚年列寧，由於思想接近，兩位巨人之手終於握在一起。孫文的民族主義，與列寧的民族政策相通，民生主義與新經濟政策相通，兩人因思想接近終於在現實運動中緊緊地攜起手來。不過，尚未達到一致的是民權主義和工農主義，但孫的扶助農工政策趨向工農主義〔註28〕。

文中明指這是他閱讀布施勝治《列寧之俄羅斯與孫文之中國》心得。1927 年以前的臺灣，便可以閱讀到不少的左翼刊物，例如北京新臺灣安社的《新臺灣》，廣東臺灣革命青年團的《臺灣先鋒》和東京臺灣青年社會科學研究部引進的《無產者新聞》〔註29〕。部分臺灣青年，例如吳坤煌等人早在臺灣時期便可以接觸到不少左翼刊物，到了東京之後，更有許多的機會接觸到左翼活動。李應章：「那時，我常到學校附近的一家書店看日本左派書刊，如大杉榮、山川均等人的著作。同時受到北京《新青年》雜誌的啓發，我們曾發動學生對抗舍監貪污行爲〔註30〕」，謝春木也同意如布施的見解，認爲中國也要走新經濟政策之路，因此早在 1927 年謝春木尚未遠赴中國前，他已經將列寧主義

〔註28〕謝春木：〈列寧主義和孫文主義〉，《臺灣民報》第 183 號，1927 年 11 月 20 日。1928 年，在臺北民眾講座舉行孫文追悼大會，講演「列寧與孫中山」，此作可能即演講稿。

〔註29〕陳芳明：《左翼臺灣：殖民地政治運動史論》，臺北：麥田，2006 年，頁 34～35。

〔註30〕李玲虹、龔晉珠主編：《臺灣農民運動先驅者──李偉光》，臺北：海峽學術，2007 年，頁 3。

與孫文主義視爲相似主義來理解，可知 1920 年代起謝氏一直都是具有左翼色彩的知識分子。

1926 年王白淵畢業之後也兼任《臺灣民報》的特約撰述，這和謝氏任職報社不無關係。自此他們的關係由學校時代的親密室友之外，再加上具備相同革命情感的親密戰友。年輕時代的謝春木和他如兄弟般的友人王白淵，都曾沉醉於詩的世界，享受著創作擁有的獨特自由。研究者羅秀芝，以兩位馬克思主義思想肇始人馬克思與恩格斯喻謝春木與王白淵，指出兩對都是從寫詩開始自我創作的活動，文學和藝術是他們接觸到的一切精神活動領域中最有生氣最自由的領域。然而後來他們也紛紛放棄了詩的寫作，而走入了另一個尋求更寬廣的自由的領域，這是「他們那個時代向他們提出的基本任務」〔註31〕，如此譬喻王謝二人確實頗貼切。

（二）躲避新聞檢查制度的編輯

謝春木在《臺灣人は斯く觀る》自序：「本書是筆者耗費兩年半心血的結晶。某種意義上講，它又是躲過銳利的書報檢查鐵鉗的倖存者。」《臺灣人の要求》自序：

> 原計畫再出一本《臺灣社會運動十年史》，但至今未能如願。這並非我的懈息，也不是改變了初衷，只是因爲關於殖民地內容的文字檢察日趨嚴屬，在這種情況下，恐怕一半內容都要刪去才能出版。那樣意義不明的東西即使出版了也沒有價值，所以只得暫時延緩計畫，代之以出版本書。

可見殖民地臺灣的新聞不自由之程度。謝春木擔任編輯，究竟如何操作當時最主要的媒體——報紙，以躲避新聞檢查制度？以下以 1930 年 10 月 27 日，日本殖民統治下的臺灣爆發的「霧社事件」作探討。

當時正值世界經濟大恐慌的谷底，世界各殖民地也相繼展開民族解放運動與階級鬥爭，日本的殖民統治體系也無可避免地遭到必然的衝擊。事件後，分裂後的民眾黨與臺灣地方自治聯盟二個抗日團體，也各自對此事件展開不同程度的迴響與行動。當時，漢族系臺灣人所主持的唯一報紙是《臺灣新民報》，它向來被視爲臺灣抗日右派、民族派的論述基地。

在該報通卷 11 月 29 日的日文欄上，報導了在東京的楊肇嘉，以〈霧社

〔註31〕羅秀芝：《臺灣美術評論全集——王白淵卷》，臺北：藝術家，1999 年 5 月，頁 150～151。

事變に就き拓務省に抗議す楊肇嘉氏等が東京で活動す〉一文，代表自治聯盟赴拓務省提出抗議的消息，內容如下：

　　一、指責×××（毒瓦斯）之使用。

　　二、對知無蕃人的××××（軍隊使用）的不當，及過去理蕃政策之過失等，嚴重抗議。

　　三、要求××××（臺灣總督）之××（辭職）〔註32〕。

除了楊肇嘉的抗議之外，在《臺灣新民報》，只有看到該聯盟評議員並擔任該報經濟記者的陳逢源，在該報 1931 年元旦「霧社事變と諸家の見解」欄中，針對編者提出的三項質問：「一、霧社事件何以發生？二、過去的理蕃政策最壞的一點是什麼？三、生蕃的未來會怎樣？〔註33〕」至於該聯盟主要指導者林獻堂、蔡培火等人則未見其發言。另一方面看到民眾黨的主要幹部，紛紛在這份言論機關上發表個人對霧社事件的看法。根據 1931 年 1 月 10 日《臺灣新民報》所載，蔣渭水的見解如下：

　　一、臺灣的警察政治，可謂卅五年（日本支配臺灣的第卅五年發生了霧社起義），爲了保持警察的威信，警定即使有非法暴行亦不加以處分。因而警官肆意濫用旁若無人的絕對權力。尤其在蕃界，因上級之監督更爲寬鬆，其非法亂行最爲嚴重。因此，霧社事件是因不堪忍受強行榨取與抑壓不平爲職責的霧社警察政治的重壓而爆發的〔註34〕。

研究者藍博洲認爲，謝春木是蔣渭水的幕後智囊，不但文筆犀利、政治手腕亦靈活，在 1931 年 1 月 1 日不再列名於該報幹部欄的階段仍能保持該報日文版主任之職。因此，不難想像上記的「霧社事變と諸家の見解」欄，其實是他在新聞封鎖、言論控制的狀態下，苦心策劃出來的高明的編輯方式。不但因此而展開一種議論戰術，並且得以免遭刪除，僅用少字即得以過關〔註35〕。

〔註32〕〈霧社事變に就き拓務省に抗議す楊肇嘉氏等が東京で活動す〉，《臺灣新民報》第 341 號，1930 年 11 月 29 日，第 15 版。

〔註33〕〈昨年と今年十年間の努力獲た物は何か〉，《臺灣新民報》第 345 號，1931 年 1 月 1 日，第 23 版。

〔註34〕〈霧社事件を何と見る〉，《臺灣新民報》第 346 號，1931 年 1 月 10 日，第 14 版。第二、三項遭刪除。

〔註35〕〈霧社事件を何と見る〉，《臺灣新民報》第 346 號，1931 年 1 月 10 日，第 14 版。

接著，從 1 月 10 日至 31 日共四號〔註 36〕，謝氏仍然繼續他的嘗試，每天撥出三分之一頁到半版的篇幅刊登諸家見解，只是把標題稍改為「霧社事件を何と見る？」充分發揮了編輯者的戰鬥性。那麼，謝春木自己對這次事件的見解又如何呢？通過該年新年號一篇題為「昨年と今年十年間の努力獲た物は何か」（昨年與今年——十年努力所獲為何）的未署名記事，也許可以找到一些線索。該記事談到霧社蜂起時，用如下的話做總結：「1930 年臺灣的各種社會運動，因霧社事件的突發，而有如群星在太陽照耀下般黯然失色。因此，社會運動家們必須深刻地反省，自行清算過去毫無氣力的運動〔註 37〕」。研究者戴國煇認為，該文執筆者，捨謝春木無他，且「能把蜂起事件總括到前記的水平，那表示著臺灣民族資產階級左派的認識的深化，也值得特別記錄」。

第二節 「間接射擊」的理想與失落

一、1930 年代上海時期：《臺灣新民報》、華聯通訊社與《中外論壇》等評論

（一）《臺灣新民報》上海特派員與華聯通訊社

1931 年 12 月謝春木赴上海。1931 年 1 月 1 日至 2 月 20 日為止〔註 38〕，以筆名「追風生」開闢「民國だより」與「上海便り」等專欄，介紹中國——特別是上海，該時之新聞。2 月 20 日〈戰爭の巷上海便り〉〔註 39〕即報導上海淞滬一二八會戰，北四川路激烈的戰況。多篇評論呈現左翼知識分子對中國軍閥的批判，2 月 6 日〈民國便り〉〔註 40〕，提到諷刺蔣介石的剿共方略使用離間策略，卻無法破壞「巧妙的共產黨作戰計畫」，並讚揚共產黨具有組織性規劃占領地，分成兒童團、少年先鋒隊與赤衛軍，且披露國民政府內部

〔註 36〕〈霧社事件を何と見る？〉，《臺灣新民報》第 346～369 號，1931 年 1 月 10、17、24、31 日，第 14、15、15、31。

〔註 37〕〈昨年と今年十年間の努力獲た物は何か〉，《臺灣新民報》第 345 號，1931 年 1 月 1 日，第 23 版。

〔註 38〕目前所能查閱謝春木赴中後，於《臺灣新民報》刊登之狀況。

〔註 39〕追風生：〈戰爭の巷上海便り〉，《臺灣新民報》403 號，1932 年 2 月 20 日，第 15 版。

〔註 40〕追風生：〈民國便り〉，《臺灣新民報》401 號，1932 年 2 月 6 日，第 15 版。

有財政危機。其實 1 月 16 日〈上海便り〉〔註41〕即提到國民政府有財政上的危險，以及內鬥的狀況。另外，謝春木顯然較「看好」共產黨的崛起之姿，1 月 30 日〈民國便り〉〔註42〕，提到上海有六個遊樂場，話鋒一轉「悲壯的蔣介石」，諷刺其壓榨人民的嘴臉，而後以「共產軍的豪語」爲標題，慷慨激昂報導共產黨就要開始占領各大都市，19 日即占領江西，三個月要占領武漢。

一二八淞滬會戰後，謝春木創辦「華聯通訊社」，根據日本領事館報告〔註43〕，可詳知華聯通訊社的內部人事狀況與所發之電訊。1934 年 11 月 5 日以廈門通訊「臺人圖謀反日革命」爲標題刊登在《中華日報》，內容系 9 月臺北州基隆郡役所爆炸案，領事館推測撰稿者爲 10 月 4 日抵上海的黃旺成，此時領事館警察亦知黃旺成即是陳旺成，並指出另一臺灣人社員爲胡煥奇，其他還有「支那人」三名，分別是沈某、劉某、吳某，支那人主要是負責印刷等後製工作。該社通訊狀況，係與各報社、團體、中國籍要人等聯絡，另一方面，透過某些臺灣人，以蒐集情報。再者，利用「收音機」將所獲得之時事問題，記事揭示，每日發行謄寫版印刷品，約每月十圓左右，向中國新聞社及其他主要中國人頒布，提供排日資料，從連絡者處受信，爲防止秘密洩露，全社不與謝春木直接通信，在上海郵政總局設置私信箱，號碼爲 557 號，俾便使用。

研究者何義麟指出通訊社內成員更迭情況，與左翼青年「上海臺灣反帝青年同盟」有關。其團員中，曾是臺灣民眾黨與國民黨的聯絡員蔣文來，1930年到大陸後加入中國共產黨，於 1933 年與翁澤生、楊春生相繼被捕前，擔任社內中文翻譯，而 1932 年王白淵因參加左翼文藝團體「臺灣藝術研究會」而被免除教職後到上海定居，即接替蔣文來的編譯工作，工作內容是收聽日本廣播撰寫中文新聞稿。日本領事館偵查報告認定，王白淵是共產主義者，而謝南光則被視爲民族主義者。楊春松是戰後在東京拉攏謝南光投共的重要人物，而團員中的侯朝宗躲過日警逮捕也在 1936 年加入通訊社，此人就是日後與謝南光嚴重對立的劉啓光〔註44〕。

〔註41〕追風生：〈上海便り〉，《臺灣新民報》398 號，1932 年 1 月 16 日，第 15 版。

〔註42〕追風生：〈民國便り〉，《臺灣新民報》400 號，1932 年 1 月 30 日，第 15 版。

〔註43〕〈B02031446700‧臺灣人發行ノ新聞、雜誌其他刊行物關係〉，1934 年 3 月21 日～1938 年 8 月 20 日。亞洲歷史資料中心：http://www.jacar.go.jp／，檢索日期：2010 年 6 月 4 日。

〔註44〕何義麟：《跨越國境線——近代臺灣去殖民化之歷程》，臺北：稻鄉，2006 年，頁 28～29。

　　1934 年 12 月 9 日通訊社又以臺北通訊「組織臺灣革命青年義勇軍，其事前被日本人發現，因而被逮捕投獄」爲標題刊登在《大晚報》，內容係報導 1931 年 2 月左右，在臺共之指導下，臺灣農民組合大湖支部常委劉雙鼎外同志三十六名，透過該組合運動，爲達成臺共之目的，協議決定推動暴動，並決議以大湖郡役所爲襲擊目標，與其他事項共同實踐而努力，被當局發現於未然，而遭到檢舉，爾來一因爲反治安維持法成爲被告事件，在臺北地方法院新竹支部預審中。1920 年代在臺灣從事農工運動時，謝南光與臺灣農民組合簡吉就多所聯繫，自然特別哀悼臺共指導下被捕的農民志士〔註45〕。

　　1935 年 2 月 25 日以東京通訊「日本陸軍軍部之內鬥：眞崎大將倒閣林陸相以五十萬元間接傷人」爲標題刊登在當地報紙，內容是：

> 日本陸軍部內之勢力頗爲複雜，林陸相與教育總監眞崎大將之間，
> 從來未曾和諧，眞崎大將屬於西南派（其主流係佐賀派）陰謀家荒
> 木大將陸相辭退後，眞崎大將其一派多數離散，如果自己之力就任
> 陸相，如此形象想要挽回是不可能，亦即圖謀林陸相之倒塌，眞崎
> 大將之固圍，動員昔日多數右翼浪人，毀謗林陸相和永田軍務局長
> 等，再者，從林陸相對浪人給予經濟援助，荒木大將在任以來謳歌
> 均部爲其職業，右派團體秘密文件在外部洩漏，兩雄相鬥其趨勢和
> 動向結果如何，引起相當大之興趣〔註46〕。

由此以上所發之電訊，可知「華聯通訊社」之所以被日本軍部視爲眼中釘的原因。

（二）《中外論壇》發刊詞與多位主筆

　　華聯通訊社爲打開困境，創辦一份報導中外外交軍事關係的時事評論雜誌《中外論壇》。筆者在中國國家圖書館與上海復旦大學圖書館，尋獲《中外論壇》。內文標示：發行者李百全，編輯者謝南光，中外論壇社社址是法租界福煦路 720 弄 5 號（今延安中路）。根據日本領事館報告〔註47〕指出，發行者

〔註45〕　〈B02031446700・臺灣人發行ノ新聞、雜誌其他刊行物關係〉，1934 年 3 月
　　　　 21 日～1938 年 8 月 20 日。亞洲歷史資料中心：http://www.jacar.go.jp/，檢索
　　　　 日期：2010 年 6 月 4 日。

〔註46〕　〈B02031446700・臺灣人發行ノ新聞、雜誌其他刊行物關係〉，1934 年 3 月
　　　　 21 日～1938 年 8 月 20 日。亞洲歷史資料中心：http://www.jacar.go.jp/，檢索
　　　　 日期：2010 年 6 月 4 日。

〔註47〕　〈B02031446700・臺灣人發行ノ新聞、雜誌其他刊行物關係〉，1934 年 3 月
　　　　 21 日～1938 年 8 月 20 日。亞洲歷史資料中心：http://www.jacar.go.jp/，檢索
　　　　 日期：2010 年 6 月 4 日。

李百全爲中國人，內容爲中國反日爲中心之軍事、國際關係，以及其他各種時事問題之批判論說爲主眼。

　　《中外論壇》從 1935 年 5 月 9 日起至 6 月 27 日，以週刊形式發行共八期。專欄包括論壇、專載、雜俎、中外情報、舞國與影星、美容與化妝等，與臺共有密切關係的石霜湖醫師，多次爲其撰寫「美容常識」專欄。該刊〈發刊詞〉表明其宗旨與態度：

　　　中外論壇，就在這內外都遭受著危難的當兒與讀者相見，它底目的
　　　如何，用意如何，任務又如何，自然也無須乎我們贅言。實際上說
　　　來，我們都是靠筆桿生活的，我們辦這刊物的用意，也不過就我們
　　　力所能及，把最近內外發生的重要事件報告出來，別的事物也就不
　　　是我們底力量所能夠作得到的了。……我們只願就事論事，按理說
　　　理，我們不偏於某黨某派，不願作黨派的應聲蟲。因爲目下黨派的
　　　刊物實在太多，要看黨派的刊物，也就無須乎我們「中外論壇」的
　　　出版了。……中外論壇願作大眾底喉舌，願爲大眾說話。我們既不
　　　是某黨某派，也不是某黨某派辦的；但我們卻也希望把各方面不同
　　　的議論拿到我們底論壇上來，去作一番善意的檢討。「公說公有理，
　　　婆說婆有理」，讓我們大家看看究竟誰有理。

《中外論壇》始終自稱「同人週報」，不爲特定黨派服務，然細究主筆群與廣告贊助商之黨派與服務機關，仍能推測他們的立場與批判對象。該刊主筆並不多，主要有謝南光、李崇厚與姚振龍三人，雖然都是談國際情勢與國內政策，但從所論可知，各有所長。謝南光專擅日本問題，發表〈日領事會議的結果如何？是廣田外交政策樹立的表示，是日本決定對華方針的關鍵〉〔註48〕等文，還以「南陽」爲筆名，連載翻譯〈日本的國際通訊戰〉〔註49〕等電訊；李崇厚研究南洋問題，〈菲律賓的獨立運動〉〔註50〕、〈暹羅排華的現狀〉〔註51〕，任該刊主筆前，1934 年就由《申報》爲其出版《大南洋論》，共 18 章。

〔註48〕謝南光：〈日領事會議的結果如何？是廣田外交政策樹立的表示，是日本決定
　　　　對華方針的關鍵〉，第 1 期，1935 年 5 月 9 日，頁 5～6。
〔註49〕南陽：〈日本的國際通訊戰（上）（中）（下）〉，《中外論壇》，第 1、2、3 期，
　　　　1935 年 5 月 9、16、23 日，頁 14～15、頁數不明、10。
〔註50〕李崇厚：〈菲律賓的獨立運動〉，《中外論壇》，第 4 期，1935 年 5 月 30 日，頁
　　　　3～4。
〔註51〕李崇厚：〈暹羅排華的現狀〉，《中外論壇》，第 3 期，1935 年 5 月 23 日，頁 3
　　　　～4。

第 1 章為緒論，第 2～7 章分述英國、法國、美國、荷蘭、葡萄牙所屬南洋殖民地的現狀，第 8 章介紹南洋華僑情況，第 9 章介紹暹羅獨立國，第 10 章敘述日本在南洋發展的現狀，第 11～17 章分述南洋的農業、林業、礦業、漁業、海運等，第 18 章為結論，該書常在《中外論壇》打廣告；姚振龍之生平不詳，但從他曾發表〈英德海軍對立漸趨尖銳化〉〔註 52〕、〈法國政局的前途〉〔註 53〕，可知其較關注歐洲情勢。雜誌中偶見幾個特殊的筆名「風」〈軍備競爭白熱化與大戰〉〔註 54〕、〈華僑與白俄〉〔註 55〕、〈日本經濟的新局面〉〔註 56〕、〈老鼠會議與帝國主義〉〔註 57〕；「雪」〈中英滇緬劃界問題〉〔註 58〕與「電變」〈英德海軍談判之透視〉〔註 59〕，從各個筆名所屬篇目，筆者大膽推測，「風」多談日本問題，又類似謝南光在臺灣曾用過「追風」之筆名，故為謝南光；「雪」談南洋問題，為李崇厚；「電變」談歐戰情勢，為姚振龍。故《中外論壇》主筆群不龐大，但充滿理想抱負。

　　日本領事館 1935 年 5 月 16 日報告提到：「最近社名以上海中外論壇社為名」，此事之緣由可見該雜誌第 4 期編後閒話，此應為編輯者謝南光所寫之〈你要知道我們的背景嗎？〉：

> 聽說從前也有辦過中外論壇，因為有反動嫌疑被查封。並且老模範省的山西，也有一家中外論壇的雜誌，這都是與我們絲毫無關。惟恐怕世人有誤會就不好，所以我們決添「上海」兩個字，以示分別。順便在這裡說明我們改名的原委。自第三期以後，我們的新名就是「上海中外論壇」。海外事情專號至第四期已告一段落。第五期起。也許就開始談談國事了〔註 60〕。

〔註 52〕姚振龍：〈英德海軍對立漸趨尖銳化〉，第 2 期，1935 年 5 月 16 日，頁 5～6。

〔註 53〕振龍：〈法國政局的前途〉，《中外論壇》，第 6 期，1935 年 6 月 13 日，頁 5～6。

〔註 54〕風：〈軍備競爭白熱化與大戰〉，《中外論壇》，第 2 期，1935 年 5 月 16 日，頁 1。

〔註 55〕風：〈華僑與白俄〉，《中外論壇》，第 6 期，1935 年 6 月 13 日，頁 3～4。

〔註 56〕風：〈日本經濟的新局面〉，《中外論壇》，第 7 期，1935 年 6 月 20 日，頁 3～4。

〔註 57〕風：〈老鼠會議與帝國主義〉，《中外論壇》，第 7 期，1935 年 6 月 20 日，頁 3～4。

〔註 58〕雪：〈中英滇緬劃界問題〉，《中外論壇》，第 1 期，1935 年 5 月 9 日，頁 7～8。

〔註 59〕電變：〈英德海軍談判之透視〉，第 7 期，1935 年 6 月 20 日，頁 4～5。

〔註 60〕〈你要知道我們的背景嗎？〉，《中外論壇》，第 4 期，1935 年 5 月 30 日，頁 18。

《中外論壇》前四期，以海外事情專號爲主，第二期「日本軍備競爭專號」、第三期「暹邏專號」、第四期「菲律賓獨立運動專號」，然而也因爲第五期起，「開始談談國事」，謝南光等人開始針對國內政策作探討，如第 6 期謝南光〈冤獄與索賄〉〔註 61〕一文，揭露上海律師工會的冤獄賠償運動與汕頭司法界的大賄案，批評當時司法不獨立，法院結構性收賄，如此聳動的標題與犀利的內容，不見容於國民政府，因此該雜誌發行至第八期便遭中國方面查禁而失敗。

二、1940 年代以降的戰爭、政策與外交評論

（一）戰前：臺灣團體領導與國際問題研究員

重慶是抗戰時期中國首都，爲對日抗戰最高指導中心，地位重要，自不待言，戰時謝春木的評論散見於《東南海》〔註 62〕、宋斐如編《戰時日本》、李友邦編《臺灣先鋒》等報刊雜誌，其中蘊含謝春木在抗戰後期對戰爭、政治與外交的意見。

其中較鮮爲人知的《東南海》雜誌，在此先作一簡介。《東南海》雜誌於1944 年 5 月 30 日在重慶創刊，主其事者認爲抗戰一旦結束，中國東南海疆將會出現許多問題，尤以臺灣問題爲重，而中國主要問題在工業化，臺灣有的是技術人才，在中國將來的建國過程中，有它不可輕忽的力量〔註 63〕。刊物主要研究的對象是福建、臺灣、南洋建設及發展經濟諸問題，發行人是王泉笙、林錫鈞，編輯除謝南光外，另有七人：楊綽庵、薩孟武、李純青、蔡繼琨、陳乃昌、黃哲眞、洪潘〔註 64〕。該雜誌總共發行九期，其中由臺籍人士

〔註 61〕南光：〈冤獄與索賄〉，《中外論壇》，第 6 期，1935 年 6 月 20 日，頁 5～6。
〔註 62〕《東南海》月刊，1944 年 5 月 30 日創刊於重慶，由重慶東南海雜誌社編輯出版，1945 年 2 月停刊，共出版 9 期。該刊是政治綜合性社會科學性刊物，內容包括福建各地通訊、福建政治經濟社會之調查研究、福建鄉土文學，尚有臺灣問題、南洋華僑事業，囊括學術著作、抗戰文藝及時事問題討論。欄目設置主要有短評、論著、特輯、世界經濟、資料、文藝等。先後爲該刊撰文者，除謝春木外，主要有李純青、柳亞子、陳儀與連震東等人。
〔註 63〕《東南海》創刊號，創刊詞，1944 年 5 月。
〔註 64〕皆爲福建人。王泉笙，福建惠安人，曾寓居南洋，具華僑身份，本身又是中國國民黨中央委員會委員；林錫鈞，福建海澄人，畢業於中央軍校，時任憲兵團長；楊綽庵，福建閩侯人，時任重慶市政府秘書長；薩孟武，福建閩侯人，任中央政治學校教授；黃哲眞，福建晉江人，任軍事委員會委員長侍從室視察；李純青，福建安溪人，時任《大公報》社論編輯；蔡繼琨，福建晉江人，時任軍事委員會政治部設計委員，財政部花紗布管制局門市部總經理；

及臺灣人團體執筆撰寫之有關臺灣問題的文章共 15 篇，除謝南光外，許多知名人士，如李萬居、連震東、黃朝琴、林忠、臺灣革命同盟會等等〔註65〕，均在上面發表文章，論述臺灣情況，雜誌對於臺灣問題的關照，既及於過去的檢討，也及於現在的陳述，更及於未來的規畫，對當時國民政府之復臺收臺，做出許多寶貴的建言，與後來接著創辦的《臺灣民聲報》，先後輝映。以下就謝南光在《東南海》等雜誌之言論，就這些主題加以論述。

1. 臺灣歷史之書寫

謝南光對臺灣歷史研究的討論，在《東南海》之〈由天地會到臺灣民主國〉〔註66〕，娓娓道出自己「中國（漢族）民族主義」的認知：

> 在滿清時代反對滿人統治革命團體是『天地會』，據說天地會的祕密組織是鄭成功手創的，陳永華主持其事，天地會是紅幫或三點會或致公堂一種的組織，「反清復明」是他的口號，這種祕密組織一直存在到第一次世界大戰，中國為避免日本政府的壓迫，或稱「添弟會」，或說「父母會」，不管其名稱如何更改，大漢民族主義的思想試一貫的。

1940 年代謝春木在中國從事抗日文化宣傳，有效地連結各個歷史人物、團體的民族主義意涵，而且各個民族主義意涵也在其書寫過程中被簡化再轉換。

陳乃昌，福建安溪人，時任四聯總處專員兼行員訓練所處長；洪潘，福建南安人，時任軍政部軍樂學校教育長；謝南光，當時擔任國際問題研究所主任秘書，整體說來，發行人與編輯群，他們和當時黨、政、軍、新聞界，均具有良好的關係。以上由林德政挖掘自重慶市檔案館藏，〈東南海雜誌登記申請書〉。林德政：〈戰時旅居重慶的臺籍人士——以《東南海雜誌》的言論與影響為中心〉，《2002 年臺灣史學術研討會論文集》，南投：國史館臺灣文獻館，2002 年，頁 3。

〔註65〕除謝南光外，當時各個臺籍人士職務工作如下：林忠本職在中國國民黨中央宣傳部國際廣播電臺，連震東本職是國際問題研究所專門委員，李萬居本職是國際問題研究所情報人員，黃朝琴是國民政府外交部情報司幫辦，本職之外，他們都有其他兼職，李萬居是「臺灣革命同盟會」的行動部部長，「南洋華僑協會」會員，「臺灣調查委員會」成立，他被聘為兼任專門委員。黃朝琴是「中美文化協會」會員及「南洋華僑協會」會員，「臺灣調查委員會」成立，他也先被聘為兼任專門委員，後改聘為委員。林德政：〈抗戰期間臺籍人士在重慶的活動〉，《中國現代史專題研究報告》，第 22 輯，臺北：中華民國史料研究中心，2001 年 11 月。

〔註66〕謝南光：〈由天地會到臺灣民主國〉，《東南海》第 8～9 期，1944 年 12 月～1945 年 1 月。

首先，鄭成功的民族主義應該是「抗清」而非「抗日」，是屬於「反清的漢族民族意識」，孫中山的民族主義則是有階段性的演變〔註67〕，它是先從清末時期的「抗清」，進而推翻軍閥，五族共和，趕走帝國在中國的勢力，而在1940年代的中國境內又以日本侵華勢力最大，故此時民族主義即指「抗日」。謝春木即連結鄭成功與孫中山第一階段民族思想——「反清的漢族民族意識」，再順勢將鄭成功的反清民族意識，推演到反清餘波臺灣天地會，後及乙未割臺的「臺灣民主國」成立，來證明臺灣人一直具有民族主義的情操，而臺灣民主國的「抗日」的民族意識，又與國民政府在戰爭期強調的「抗日」的中國民族主義相近。藉「鄭成功的反清復明」向上延伸臺灣民族運動的時間，並強化臺灣與祖國抗日民族主義之關係。

他通常不是從甲午戰爭談起，而是將時間上溯至鄭成功，〈中國抗戰與臺灣革命〉：「臺灣本是中國領土，福建省的一部份，臺灣人即是鄭成功帶往臺灣的閩粵健兒的子孫，「反清復明」運動的最後的基本隊伍〔註68〕」；〈光明普照下的臺灣〉：「我們臺灣人受著鄭成功的感化，三百年來不斷與民族展開鬥爭，為民族的自由平等，流了不少的血汗，甲午戰爭失敗後，臺灣就割讓給日本，在這五十一年間，我們的先烈和後起的革命同志，繼承鄭成功的遺志，繼續為民族的自由平等鬥爭了五十一年〔註69〕」，1946年謝春木返臺於9月11日下午3點臺北中山堂開茶話會，最後提到「我們為鄭成功之子孫，鄭成功來臺時，以少數人員在困難環境中建設今日臺灣之基礎，我們要敬重其毅力，今日我們無此毅力，未能解決種種失敗，實為對我們祖先最可恥之事」〔註70〕，在在強

〔註67〕第一期從倡導革命到辛亥革命成功為止，主要以推翻滿清統治，恢復中華為目標。第二期自1911年民國建立至1918年第一次歐戰結束止，為避免反清的種族主義負面效果，提倡五族共和；對外謀求提高中國的國際地位平等。第三期從1919年改組中國國民黨迄1925年孫中山先生逝世，從「五四」愛國運動的熱潮，帶動「民族自決」的主張及「共產國際」的傳播。孫中山的民族主義思想與建國方略，強調「內求統一，促進國內各民族平等；外求獨立，致力廢除不平等條約」，恢復中國的民族地位之後，還要力圖濟弱扶傾，促進世界大同。詳細討論可見林國章：《民族主義與臺灣抗日運動（1985～1945）》，臺北：海峽學術，2004年，頁323～335。

〔註68〕謝南光：〈中國抗戰與臺灣革命〉，《中國青年》第1卷第4號，1939年10月20日，頁19～20。

〔註69〕謝南光：〈光明普照下的臺灣〉，《臺灣民聲報》第9～10期，1945年10月7日。

〔註70〕開茶話會。標題：日本「希望美國統治五十年」：臺灣青年應該參加祖國建設。《民報》，1946年9月12日。

調鄭氏以臺灣作為「反清復明」的基地，轉而斥責清國於甲午戰敗後割臺，論及臺灣民主國與孫中山的「三民主義」。

　　然早在 1930 年代末，謝春木即在報刊雜誌上大力宣揚中國與臺灣的關係，他在〈中國抗戰與臺灣革命〉敘述乙未割臺以來中臺關係，從鄭成功談起，敘述甲午戰爭後成立臺灣民主國，次論 1907～1915 年第二期反日反帝運動中的苗栗與西來庵事件，都有中國革命先烈的扶助與參加〔註71〕，最後歸結至孫中山赴日過境臺灣為革命募款，而臺灣學生赴北京密謀暗殺袁世凱失敗〔註72〕，強調「1920 年以後的臺灣革命運動，就是奉行三民主義的革命運動〔註73〕。」故對謝春木來說，在 1930 年代即懷抱「抗日勝利，以孫中山的三民主義來收復臺灣」之心願渡海赴中〔註74〕。

　　究竟鄭成功的「反清復明」與孫中山的「民族主義」有何關聯？其實在謝春木〈制定臺灣省憲〉便說明兩者之間的關聯性：

　　　當甲午戰敗乙未割臺的時候，臺灣人放棄反滿運動，願為國族的安
　　　全與發展貢獻其性命，鄭成功帶進去的「反清復明」的民族主義，
　　　經過二百餘年的奮鬥，發展至國族主義，這是我們祖宗深明大義的
　　　風度。大敵臨前，兄弟再不能鬩牆了，此種遺風告訴我們，對於臺
　　　灣人的民族主義思想問題，並不如若干方面所想像的那樣嚴重。祖
　　　國能信賴臺灣，一切困難都可以迎刃而解。〔註75〕

〔註71〕 應指 1907 年蔡清琳所領導的「北埔事件」與 1913 年羅福星號召臺灣人抗日的「苗栗事件」。

〔註72〕 1913 年 7 月蔣渭水、杜聰明、翁俊明等人，曾試圖經徵詢大稻埕區長黃玉階先生的支持，由杜、翁兩人潛赴北京謀以菌源毒弒袁世凱。杜聰明：《回憶錄（上）》，臺北：龍文出版社，1989 年，頁 64～65。

〔註73〕 謝南光：〈中國抗戰與臺灣革命〉，《中國青年》第 1 卷第 4 號，1939 年 10 月 20 日，頁 19～20。

〔註74〕 1920 年代謝春木與蔣渭水於臺灣文化協會時期，已推崇孫中山的三民主義學說，1929 年還代表臺灣民眾黨參加孫中山南京移葬大禮，寫下〈新興中國見聞記〉。1930 年代起，臺灣島內的抗日運動受到日本政府的壓制與分化，逐漸分裂瓦解。1931 年謝春木在臺灣民眾黨解散後，便認為臺灣的抗日運動唯有從事地下活動或者轉移陣地由島外採取「間接射擊」這兩條路才是辦法。謝春木：《臺灣人の要求》，臺北：臺灣新民報社，1931 年，頁 13～14。其討論見何義麟：〈被遺忘的半山——謝南光（上）〉，《臺灣史料研究》第 3 期，1994 年 2 月，頁 157～158。

〔註75〕 謝南光：〈制定臺灣省憲〉，《臺灣民聲報》創刊號，1945 年 4 月 16 日。

謝春木亦時常於論述中凸顯乙未割臺後所成立的「臺灣民主國」，1941 年 1 月
15 日〈臺灣民主國的成立及其意義〉中，除了提到乙未年間臺胞曾力爭割地
的不當，林維源也願出百萬銀贖回臺灣，最後不得已組織「臺灣民主國」，雖
然終告失敗，但雖敗猶榮，甚至還於論述中提升「臺灣民主國」的國際意義，
以及英俄兩國對日對臺態度的關聯性，聲稱「臺灣民主國這是東方第一個的
民主共和國」〔註76〕，刺激菲律賓人對民主共和的理想，使其於 1898 年 6 月
12 日宣告獨立，成立菲律賓共和國。

　　《東南海》雜誌上還有李萬居〈福建與臺灣〉〔註77〕，這篇文章論述臺
灣與福建自古以來，兩者關係就非常密切，僅隔一海峽，一衣帶水，臺灣為
福建屏藩，日後臺灣復歸中國懷抱，閩臺之間來往將更加頻繁。連震東寫〈臺
灣贅談〉〔註78〕，此文首先考究臺灣的地名，對「大灣」、「臺員」、「岱員」、
「埋冤」等名予以詮釋與分析，次敘述「馬兵營」、「延平郡王祠」、「國姓莊」
等三處的特色，連震東另篇〈臺灣血淚詩箋〉〔註79〕，蒐集各家詩作，以詩
證史，收錄有鄭成功、沈光文、朱術桂、丘逢甲、陳季同、易實甫、許世英、
劉永福、姜紹祖、羅福星、連雅堂等作品。足見謝南光與其他在大陸的臺籍
人士，戰時書寫臺灣歷史之努力。

　　2. 日本、臺灣現況調查與戰況分析

　　在國共二次合作及中日戰爭開始前，國民政府對於在大陸的臺灣抗日
人士懷有戒心，特別是對於左翼人士，國民政府甚至與日本警察合作逮捕，
然盧溝橋事變後，國民政府開始吸收臺灣人從事收集及分析日本情報的工
作。

　　早在 1930 年代類似「國際問題研究所」的組織很多，從 1930 年 1 月即
有宋斐如等人成立「東方問題研究會」，創編《新東方》月刊，目的係「團結
融合東方個被壓迫民族，以共籌解決整個東方問題的方略」，宋氏於 1935 年
到 1937 年前往日本東京帝國大學，潛心研究日本的政經及外交政策。1938 年

〔註76〕謝南光：〈臺灣民主國的成立及其意義〉，《臺灣先鋒》第 6 期，1941 年 1 月
　　　　15 日。
〔註77〕李萬居：〈福建與臺灣〉，《東南海》第 1 卷第 1 期，1944 年 5 月，頁 4。
〔註78〕連震東，字定一。定一：〈臺灣贅談〉，《東南海》第 1 卷第 6 期，1944 年 11
　　　　月，頁 19～20。
〔註79〕連震東：〈臺灣血淚詩箋〉，《東南海》第 1 卷第 6 期、第 7 期，1944 年 11 月、
　　　　12 月，頁 21～23、25～26。

1 月於漢口發起「戰時日本問題研究會」，創辦《戰時日本》，亦可見謝春木的論述作品。〔註 80〕

　　謝春木於任內期間發表多篇日本研究觀察，〈米內內閣與日本的前途〉分析新就任的米內內閣站在政黨政治與軍閥內閣的歧路，關鍵在於日本的國際政策，這選擇亦會影響中日戰爭的最後決定〔註 81〕。〈論中日通貨戰爭〉揭示日人對法幣的看法，推敲其於淪陷區實行的通貨經濟戰爭的企圖：「第一是拆散政府與人民的關係，第二是截斷其國際通貨上的任務。〔註 82〕」據潘世憲回憶，可見謝春木運用日本經濟局勢來判斷戰爭情勢：

> 第一件工作，即謝交給我一疊報告東京方面日本股票行情的電報，要我整理，繪製圖表。在太平洋戰爭以前，我們國研所一直是利用敵方的股票行情來分析敵情的。至於利用報紙、雜誌和書刊材料來分析敵情，那更是我們一貫使用的最穩妥、最可靠的方法。

> 最初，我還不懂如何來利用這些資料，是謝南光給我解說的。記得股票行情的電報是上海站顧高第發來的，內容大約是十二、三家大公司的股票，有東紡、日棉、鏡紡等輕工業的，也有日鐵、八幡等重工業方面的，都是代表大財閥集團的，也就間接代表著各政黨和陸、海軍部的動向。〔註 83〕

關於日本戰事的分析，如〈東條內閣與太平洋戰爭〉指出：日本決定冒險的對象應該是美國，而非蘇聯〔註 84〕。謝春木的預測戰爭動態的文章不少，散見於報刊雜誌，準確預估日海軍襲擊珍珠港、廈門上陸，廣東的白耶士灣上陸等戰事動向〔註 85〕。

　　《東南海》中收錄謝南光〈臺灣在太平洋戰爭中的戰略地位〉，說明臺灣

〔註 80〕 翁曉波、梁汝雄：〈宋斐如生平簡介〉，《宋斐如文集（五）》，臺北：海峽學術，
　　　　 2006，頁 233～236。謝春木發表於《戰時日本》之文章，收錄在研究計畫附
　　　　 表一「謝春木之作品目錄」。
〔註 81〕 謝南光：〈米內內閣與日本政治的前途〉，《中國青年》第 2 卷，1941 年，頁
　　　　 39～42。
〔註 82〕 謝南光：〈論中日通貨戰爭〉，《中農月刊》第 11 期，1941 年，頁 83。
〔註 83〕 潘世憲：〈回憶王芃生與國際問題研究所〉，後收入陳爾靖編：《王芃生與臺灣
　　　　 抗日志士》，臺北：海峽學術，2005 年 12 月，頁 40。
〔註 84〕 謝南光：〈東條內閣與太平洋戰爭〉，《改進》第 5 卷第 9 期，1942 年 11 月，
　　　　 頁 331～335。
〔註 85〕 附表一「謝春木之作品目錄」。

軍事地理、軍事力量與盟軍登陸問題，在論及軍事力量時強調戰時臺灣經濟仍可自足〔註86〕。1944 年 4 月 17 日國民政府成立「臺灣調查委員會」，以陳儀為主任委員，隸屬於中央設計局之下，該局秘書長為熊式輝，多名臺籍人士均被聘為該會成員，11 月《東南海》收錄一篇由臺灣革命同盟會具名撰寫的〈臺灣現勢一覽表〉〔註87〕，是一篇當時臺灣實況的調查記錄，此文把臺灣的面積、耕地、人口、財政歲收與歲出、貿易出口與入口數、交通、各種農產品產量、工業產值、糖產量、電力狀況、各級學校狀況、保甲數、行政區劃等，作了簡單明瞭的介紹；另一篇〈臺灣資料〉〔註 88〕與上篇一樣，仍然是當時臺灣實況的調查記錄，介紹臺灣的預算，工業化，徵工與徵兵及行政組織之調整。

其他臺籍人士，如林忠〈倭寇鐵蹄下之臺灣教育〉〔註 89〕指出，表面上臺灣教育似乎很發達，但實際上卻是畸形的發達，日本在臺灣的奴化教育並未成功；林忠〈臺灣之衛生概況〉〔註90〕認為，臺灣之衛生雖尚有一些問題，但較之往昔，實有莫大進步，他主張臺灣收復後，除衛生行政及教育人才外，應儘量採用臺籍人士；黃朝琴所寫〈臺灣製糖工業之現在與將來〉〔註 91〕一文，論述臺灣製糖工業隨著新式製糖工廠的設立，甘蔗品種的研究和改良，以及刻意壓低的原料收購價格，種種剝削臺灣蔗農的狀況下，使糖產量大為增加，成為輸出之大宗，為日本賺取大量外匯，但是，隨著戰爭局勢的發展，以及外國糖業競爭力的提高，臺灣糖業在未來必定會面臨極大挑戰。

謝春木時常在著述裡強調臺灣戰時的經濟實力，當然亦是為了凸顯臺灣受到日本帝國主義的剝削。日本對臺灣的經濟控制，一直是臺灣人反抗的主因，故臺灣抗日人士相當重視「六一七」紀念日，係因 6 月 17 日為日本帝國

〔註86〕謝南光：〈臺灣在太平洋戰爭中的戰略地位〉，《東南海》第 3～4 期，1944 年 7～8 月，頁 1～9。

〔註87〕臺灣革命同盟會：〈臺灣現勢一覽表〉，《東南海》第 1 卷第 6 期，1944 年 11 月，頁 24～26。

〔註88〕臺灣革命同盟會：〈臺灣資料〉，《東南海》第 1 卷第 7 期，1944 年 12 月，頁碼不詳。

〔註89〕林忠：〈倭寇鐵蹄下之臺灣教育〉，《東南海》第 1 卷第 7 期，1944 年 12 月，頁 20～24。

〔註90〕林忠：〈臺灣之衛生概況〉，《東南海》第 1 卷第 7 期，1944 年 12 月，頁碼不詳。

〔註91〕黃朝琴：〈臺灣製糖工業之現在與將來〉，《東南海》第 1 卷第 6 期，1944 年 11 月，頁 14～15。

主義在臺灣開府建治的紀念日，也就是帝國主義剝削臺灣殖民地的開始。謝春木在〈最後的「六一七」紀念日〉：

> 倭寇的「六一七始政紀念日」是帝國主義殖民政策的開張，五十年來，它的兇暴的剝削政策，由農業掠奪進至資本剝削，起初沒收土地山林及現成產業，其次壟斷農產運銷，獨佔工礦、水產及林業，甚至將交通運輸各種事業都獨占了，最後驅逐農民移殖中國及南洋佔領地，七七事變後，人力物力財力都被倭寇控制征用，帝國主義下的臺灣人簡直就和牛馬一樣。〔註92〕

那麼謝春木等人對於「收復臺灣」，幫助臺灣脫離帝國主義的剝削後，國民政府該如何建設臺灣經濟？莫過於運用孫中山的「民生主義」。他在文中直接指出：「經濟上實行民生主義，節制資本，平均地權，獎勵公營共營事業，發展高度工業與海運貿易，提高人民生活，刷清剝削制度。〔註93〕」在 1945 年 10 月 7 日〈光明普照下的臺灣〉還指出臺灣已具備實行「民生主義」的條件：

> 就民生主義基礎而言，臺灣地籍的整理早已完成，可以說是東方最完備的，立刻可以實行總理的土地政策，臺灣的工業已經發達到相當的高度，農業也已經工業化了，但是資本及一切生產工具都在日本人手裏，一旦接收過來，隨時可以實施節制資本的政策，人民的知識程度很高，技術訓練有素，如果臺灣不能實行民生主義，那麼中國任何地方也沒有希望了。〔註94〕

1945 年 9 月 2 日本向同盟國投降，第二次世界大戰終告結束，臺灣也擺脫殖民地的身份，至於「民生主義」在臺灣的落實，尚待戰後情勢的考驗。

3. 關於臺灣之收復與建設

1940 年 3 月在大陸臺灣人結合成臺灣革命團體聯合會，祖國派臺灣人集結後開始與國民黨交社合作事宜，並確立臺灣歸復祖國的原則〔註95〕。1941

〔註92〕謝南光：〈最後的「六一七」紀念日〉，《臺灣民聲報》第 5 期，1945 年 6 月 16 日。

〔註93〕謝南光：〈最後的「六一七」紀念日〉，《臺灣民聲報》第 5 期，1945 年 6 月 16 日。

〔註94〕謝南光：〈光明普照下的臺灣〉，《臺灣民聲報》第 10 期，1945 年 10 月 7 日。

〔註95〕6 月初聯合會透過三民主義青年團的康澤向國民黨中央提出質詢狀，探詢黨部對臺灣的具體政策。當時組織部長朱家驊明白答覆，「當然歸復祖國，因臺灣原係福建省舊府層」，就此國民黨與祖國派臺灣人確立臺灣復歸祖國的原則。張瑞成編：《臺籍志士在祖國復臺的努力》，臺北：國民黨黨史會，1990 年，頁 307〜310。

年 2 月 9 日決定解散個團體，發表〈臺灣革命同盟會成立宣言〉〔註96〕。謝春木於 6 月 18 日發表〈我們的臺灣革命陣線〉表示，臺灣革命同盟會「在三民主義的旗幟下，統一意志，集中力量，開始反攻」，並強調臺灣在太平洋戰事下的地位，力求收復臺灣〔註97〕。

　　1941 年 12 月 9 日，國民政府正式對日宣戰〔註98〕。1942 年 6 月 17 日謝春木發表〈收復臺灣與保衛祖國〉喊出「收復臺灣，保衛祖國」的口號，認為「這兩個口號其實就是一個，就是求中國人的生存，求中國人的自由和解放，臺灣人是中國人」，文中亦指出臺灣抗日團體在之前意見相當混亂〔註99〕，然而在 1942 年 3 月臺灣革命同盟會在重慶召開了臨時代表大會，決議臺灣建省運動〔註100〕。

　　1942 年 11 月 3 日，外交部長宋子文表示戰後「中國應收回東北四省、臺灣及琉球，朝鮮必須獨立〔註101〕」，「收復失土」成了既定政策，謝春木亦對此做出回應，他在 1943 年 9 月〈臺灣的民族運動〉一文中將臺灣的民族運動分為兩個階段，第一階段是要求民族的平等待遇，第二階段則提出政治獨立的要求；而「現在祖國已經決定收復臺灣，我們也以『回歸祖國』做為臺灣民族運動的中心目標。」〔註102〕，國民政府既已宣布「收復臺灣」，臺籍人士

〔註96〕臺灣革命同盟會主編：《臺灣問題言論集》第 1 集，重慶：國際問題研究所，1943 年，頁 101～103。

〔註97〕謝南光：〈我們的臺灣革命陣線〉，《中央日報》第 6 版，1941 年 6 月 18 日。

〔註98〕〈國民黨政府對日宣戰文〉，收入張瑞成編：《抗戰時期收復臺灣之重要言論》，臺北：國民黨黨史會，1990 年，頁 2～3。

〔註99〕抗戰開始後，臺灣抗日團體在大陸陸續成立，其主張與口號有很多，其中最具代表性為 1940 年 4 月臺灣義勇隊隊長李友邦提出「要獨立也要歸返中國」轉變為 1942 年「保衛祖國，收復臺灣」的口號。詳細討論參見王政文：《臺灣義勇隊：臺灣抗日團體在大陸的活動（1937～1945）》，臺北：臺灣古籍，2007 年，頁 99～100。

〔註100〕1942 年 3 月同盟會二屆大會通過四項決議案：（1）請求中央設立臺灣省政機構。（2）中央黨部在省政機關內設省黨部，三民主義青年團設支團部，國民參政會增設臺灣參政員名額。（3）擬請設光復軍或臺灣革命軍以為臺灣光復之主力。（4）擴大宣傳以改正國內認為臺灣同胞是另一民族之錯誤。張瑞成編，《臺籍志士在祖國復臺的努力》，臺北：國民黨黨史會，1990 年，頁 123～126。

〔註101〕〈外交部長宋子文在重慶國際宣傳處記者招待會答問〉，收入張瑞成編：《抗戰時期收復臺灣之重要言論》，臺北：國民黨黨史會，1990 年，頁 3～6。

〔註102〕臺灣革命同盟會主編：《臺灣問題言論集》，國際問題研究所出版，出版時間不詳，頁 146～175。

乃開始強調中國與臺灣的關係，以及收復運動應如何進行。

　　隨著戰局發展明朗，國民政府對臺灣的態度更爲積極，且臺籍人士內部對於臺灣前途的看法和方向也趨向一致，如李友邦原本聲稱「要獨立也要歸返中國」，也轉變爲「保衛祖國，收復臺灣」〔註103〕。

　　1944年謝春木在《東南海》上發表〈應該怎樣收復臺灣〉〔註104〕，認爲祖國與臺灣之間隔閡，首先必須設法剷除，溝通聲息，建立互流的基礎，希望當局明朗對臺政策，保證臺灣人有光明幸福的政治前途。對於臺灣設省與否的問題，他主張臺灣將來還是實施特別行政區爲宜，因爲臺灣淪陷已經五十年，都需要有因時制宜、因地制宜的措施，臺灣人已經二十三年的自治經驗，雖然說是不徹底的自治，中國當局不能忽略客觀現實和臺灣人多年的願望，必須實施更進步的民主制度，並推翻臺灣的奴化教育，建立三民主義的新制度，而且臺灣現成的技術人才，受過日本各大學專門教育的青年有五萬多人，隨時可以取代日本人退出臺灣後的行政工作，但因爲對於中國政令並不明瞭，必須加以短期訓練。

　　臺灣如果光復後，最重要的工作是建設，應該如何著手呢？謝南光〈怎樣建設光復後的臺灣〉〔註105〕，道出他的觀點，首先，應以維持太平洋和平及保衛祖國安全爲目的，臺灣應與祖國成爲一體，變成太平洋通崗站，經濟自給自足；其次，過渡時期，維持臺灣財政獨立的體制，並且給予臺灣官吏因時因地制宜的權限，日據時期原爲國營公賣的煙、酒、鹽、山林、交通、電力等，暫不歸國營，以免中國現代產業經驗與技術的缺乏，貪官汙吏橫行，可能失敗，盡可能扶植地方自治團體，發展公營事業；恢復因戰爭影響而破壞的工礦業及運輸業，則必須利用外資及外國技術。至於「拓殖公司」及「華南銀行」則必須沒收改組，特權階級及其產業應該沒收。然而謝南光戰後雖然從事中國駐日代表團工作，對於收復與建設臺灣工作，卻沒有實際參與的機會，因此儘管謝南光對臺灣未來具有高度的展望，也終歸泡影。

〔註103〕李友邦：〈臺灣革命現階段之任務〉，《臺灣革命運動》，福建：臺灣義勇隊發行，1943年4月，頁12～13。詳細討論可見王政文：《臺灣義勇隊：臺灣抗日團體在大陸的活動（1937～1945）》，臺北：臺灣古籍，2007年，頁99～100。
〔註104〕謝南光：〈應該怎樣收復臺灣〉，《東南海》，第1卷第1期，1944年5月。
〔註105〕謝南光：〈怎樣建設光復後的臺灣〉，《東南海》，第1卷第6期，1944年11月。

（二）戰後：外交、返鄉與投共

研究者陳芳明認爲 1946 年是蘇新生命中最快樂的一年，因爲喜獲愛女且與數位抗日好友組成「臺灣文化協進會」，研究者羅秀芝認爲這個說法，亦適用於王白淵，這年除了自己娶妻生子的喜悅外，終於目睹臺灣脫離日本的殖民統治，面對嶄新的黎明，又可以放懷暢言對時局的看法，他在 1945 年 10 月 25 日發行的《政經報》上發表了多篇文章〔註106〕，根據何義麟研究，蘇新與王白淵除了參與這份雜誌外，還參與另一份主要由外省籍人士所創辦的《臺灣評論》的編輯工作〔註107〕，甚至戰亂中分別的好友謝南光也在這一年 9 月 7 日回臺。王白淵在 1945 年即發表〈我的回憶錄〉提到：

> 抗戰中聽說老謝在重慶，爲臺灣解放相當貢獻。風說他在重慶的廣播電臺，明白地說他是謝春木，向臺灣民眾做激勵的演講……因此許多的臺胞來找我，好像我亦做了一位要人一樣，弄到神經衰弱。但是他竟沒回來，其中當然有種種的理由，但大概是因爲他自己的事情，不能離開的罷〔註108〕！

由此可知，王白淵爲友人感到驕傲的是他對臺灣所做的貢獻，而在隔年他終於回鄉探親。相信對謝春木而言，1946 年亦是意義不凡的一年，這位離鄉背井近 15 年的遊子，終於可以帶著新婚的妻兒回臺祭祖掃墓，又擔任中國駐日代表團團員工作，可算是衣錦還鄉。返鄉探親後，謝春木繼續赴日工作，1950 年謝春木離開代表團，參加日本左翼人士組織的「日中友好協會」，之後謝春木前往北京，長期擔任中日外交友好工作。以下討論戰後謝春木返鄉與外交工作的感想。

1. 出訪日本之見聞

1946 年謝春木以「中國駐日代表團」身份出訪日本。當時在日本的臺灣的生活情況，根據朱昭陽回憶：

〔註106〕〈告外省人諸公〉、〈在臺灣歷史之相剋〉、〈獻給日本人諸君〉、〈民主大路〉、〈獻給青年諸君〉，皆收錄於王白淵，陳才崑譯：《荊棘的道路》，彰化：彰化縣立文化中心，1995 年，頁 266～269、270～273、274～277、278～279、280～281。

〔註107〕《政經報》發行時間由 1945 年 10 月 25 日到 1946 年 7 月；《臺灣評論》則接著由 7 月發行至 10 月。參閱何義麟：〈《政經報》與《臺灣評論》解題——從兩份刊物看戰後臺灣左翼勢力之言論活動〉，臺灣舊雜誌覆刻系列《新新》，1995 年，頁 5～18。

〔註108〕王白淵：〈我的回憶錄〉，王白淵，陳才崑譯：《荊棘的道路》，彰化：彰化縣立文化中心，1995 年，頁 255。

在東京，臺灣人不僅擺脱了過去受歧視的差別待遇，如今一躍而變成戰勝國國民，可以揚眉吐氣，還可以享受特別的待遇。就如當時日本坐火車，一票難求，而臺灣人可以優先買票。因爲戰爭剛剛結束，日常生活必需品非常匱乏，日本政府的配給品雖有公定價格，但數量有限不敷需求，黑市買賣非常熱絡。有些臺灣人就利用購票方便做起生意來了，他們到鄉下去收買農村的產品，再回都市以黑市高價賣出，賺取厚利，也有購買廢墟中的土地，後來成爲富豪的，這些人後來多留在日本。更有一些臺灣人跟我一樣歸心似箭，急著想回臺灣，重整自己的家園，建設自己的國家。當時日本缺乏船隻，對臺交通尚未恢復，我們就利用等待回約半年時間，做一些回臺的準備工作。

當時臺灣人在東京籌組「新生臺灣建設研究會」，朱昭陽爲會長和副會長謝國城、總務課長宋進英利用週末在明治學院集會，商請東大中國文學系畢業的曹欽源擔任講師。會員近兩百人，大多爲知識分子，也有部分是戰爭中被日本政府徵用的勞工領袖。魏火曜、高天成、林宗義、陳成慶後來出任臺大教授，研究會雖然有共同的活動與目標，但成員的思想傾向並不一致，但都反對殖民主義，反對被歧視，反對差別待遇〔註109〕。

當年謝春木以殖民地臺灣青年的身份「前進東京」留學，肯定相當熟悉日本戰前的繁榮，如今戰後的謝春木以戰勝國官員的身份，再次踏上日本土地的感受，肯定具有相當大的衝擊。結束第一次海外工作後，謝春木馬上在《民報》上連載〈戰後日人生活狀態（上）（下）〉〔註110〕，分別就食、衣、住、行、女人等五小題談論在日所見生活，單幫客與擁擠的電車、限制戰時疏散到鄉下去的孤兒寡婦回東京、在東京就算有錢也租不到房子、軍官與發了戰爭財的商人有自備汽車可坐，但都是1941年或以前的貨色，這些汽車大多是日軍從南洋、香港、菲律賓或中國上海搶去，盟軍麥克阿瑟後來則下令「肅清」，並要求凡是1941年汽車一律需要呈報。

文中論及戰爭時期日方曾以〈中國遊記〉一文報導，淪陷時期的上海有小扒手在馬路拾香菸屁股的照相，但這樣的行爲現在卻在東京大街上隨處可見，其中還不乏退伍的「皇軍」。謝春木聲明：「對於日本今天的這種

〔註109〕朱昭陽口述，林忠勝撰述：《朱昭陽回憶錄：風雨延平出清流》，臺北：前衛，1994年，頁68。

〔註110〕謝南光：〈戰後日人生活狀態（上）（下）〉，《民報》，1946年6月29～30日。

情形固然用不著冷笑，但我們於此，至少也要驚愕到國家富強的可貴與重要」〔註111〕。

　　在謝春木所發表的見聞報導，特別流露出其延續自1920年代以來，對政治與婦女運動的關心。1920年代謝氏在臺灣民眾黨極力爭取人民選舉，前往日本執勤時，自然相當注意日本總選舉的情況，而他在親聞日本東京總選舉的盛況後，便迫不及待地在返中之前，於4月23日發表〈日本總選舉見聞記〉一文，他表示選舉前因為戰後經濟衰敗，日本人民對於選舉意興闌珊，因此日本政府每日鼓吹人民參加選舉，並近乎警告的言論：

> 若日本在此次選舉棄權者太多，同盟國必認為日本沒有民主主義思想的基礎，結果必延長佔領日本的期間，同時還要加強日本管制的深度，不參加選舉的人民便是歡迎盟國永久占領日本，這是不愛國的暴動，在今日投票是義務而不是權利。〔註112〕

他為日本選舉的狀況下一結論：天皇派的保守勢力占絕對優勢外，其中當選者又以教員者居多，推論係因戰前代議士不守信，故百姓多信賴教員，而社會黨及共產黨在都市方面佔優勢，農村盡是保守勢力的地盤。

　　謝春木延續他在1920年代小說〈彼女は何處へ〉對婦女問題的關心，於1946年7月4日在《中央日報》發表〈日本的婦女運動〉一文，第一、二部份說明日本婦女運動在1910年延續大正民主的風氣，要求自主人權，但在戰爭時期日本軍部對婦女運動的壓迫更加深切，使得戰爭時期看似大量的婦女團體，可實為日本軍部的操作工具，且打著平等的口號，反倒將「婦女承受更多戰時的苦力工作」合理化。第三部份，謝春木認為戰後的日本宣告男女受教平等、政治平等（選舉權），但他卻認為「日本婦女不知道怎麼利用這個『禮物』，尚待國外婦女運動來指導他們」，理由是：「從戰後一次選舉中，在464個席次中獲得9席的「勝利」裡，當選者的政治性格為『保守派』，且政壇內黨派太多，『毫無中心』可言」〔註113〕，對照謝春木〈日本總選舉見聞記〉指出，日本婦女在選舉普遍當選的原因有三：對男性議員失望、連記制與對女性從政之好奇心，並非「這些婦女是人才或是她們的政見獨到」，而只是時代的過渡現象。

〔註111〕謝南光：〈戰後日人生活狀態（上）（下）〉，《民報》，1946年6月29～30日。
〔註112〕謝南光：〈日本總選舉見聞記〉，《中央日報》第3版，1946年4月23日。
〔註113〕謝南光：〈日本的婦女運動〉，《中央日報》第5版，1946年7月4日。

　　謝春木雖然關心婦女問題，但從他對於日本婦女運動的評價卻不高，將日本描述為「有意悔改但於事無補」的戰敗國，另一方面，卻尚未見他對戰後臺灣或中國的婦女問題，提出具體的觀察與主張，但為何謝春木對於戰後日本婦女問題特別關心？

　　從謝春木的身份思考，將他視為一名戰勝國的男性民族主義者來看，雖然他明知戰後日本男女比例嚴重失衡〔註114〕，也對於日本「戰爭寡婦因恩俸被取消後，生活完全陷入絕境，自殺事件不斷」表達同情，但又對私下與盟軍男性在日京二重橋等政府機關所在地，公然進行肉體交易的女性，予以道德譴責，特別是在 1946 年 9 月 11 日在臺灣中山堂茶話會上對臺灣民眾批評日本政府招募慰安婦服務盟軍，卻有大批日本婦女為了生計而來應徵，將此視為「日本因國亡而廉恥掃地的情形」之一。謝春木偶爾在演說或報導評論時，揭示日本婦女的處境，除了流露出他擺盪在同情與批判的矛盾情結，又像是在傳播一種「奇觀新聞」，讓他信手捻來點綴暖場，從此觀之，不難發覺男性民族主義者表現出對婦女問題的關心，只是欲將其納入民族主義活動與論述底下的用意。

2.「三民主義」收復臺灣之落空

　　謝春木返臺演講廣播，不時宣傳「選賢任能」、「人民是中華民國的主人翁，行政長官則是人民的公僕」等觀念，對於陳儀政府的腐敗，一開始只是委婉地「抱怨」，並提出一些積極的看法，據理力爭。

　　謝春木一直期待臺灣落實民主政治。1942 年 12 月 4 日〈加緊組織敵徒武力，建三民主義新臺灣〉文請求國民黨設立臺灣省政府青年團，以便確立將來臺灣應有之政制，並順利將三民主義深入臺灣民心〔註115〕。他在終戰前夕 1945 年 4 月 16 日〈制定臺灣的省憲〉提出具體制訂省憲與民主選舉的辦法，並反駁先軍政肅清以建立自治基礎的說法：

> 我們收復一鄉鎮時，立刻召集鄉民大會，選舉鄉鎮參議會議員，重建地方自治基層組織，我們克復一縣時，即時改建縣參議會，將地方自治制度切實推行下去，縣鄉鎮的自治組織隨軍事發展而逐步擴

〔註114〕謝春木指出戰後日本人口調查指出：女人比男人的數量多出三百五十多萬。謝南光：〈戰後日人生活狀態（下）〉，《民報》，1946 年 6 月 30 日。

〔註115〕謝南光：〈加緊組織敵徒武力，建三民主義新臺灣〉，《中央日報》第 2 版，1943 年 12 月 4 日。

　　大，一旦我們克復全島的時候，我們隨時可以成利省參議會，制定
　　省憲法，依照總理遺教所示，實行民治，軍事結束的時候軍政也結
　　束了，同時也就是憲政的開始。〔註116〕

終戰前夕國民政府對臺政策延遲的主因，除了國共內戰外，戰前國民政府其
實並無意以「臺人治臺」的方式，收復並建設臺灣，只是在終戰前夕利用臺
籍人士調查戰時日人治臺狀況，作爲日後接管之準備，戰後對臺灣革命同盟
會的重要領導人都不重視，甚至有殺害李友邦、宋斐如，以及排擠謝春木的
事實，也就是說，國民政府對部分臺籍人士其實根本沒有信任可言。根據研
究者何義麟認爲，謝春木無法回臺擔任要職的主因，係其與陳儀政府的治臺
理念不合〔註117〕，且在大陸的臺灣人自二戰後期起便不斷內鬨，臺灣同盟會
的重要人物，彼此間的思想光譜略異〔註118〕，更不用說與國民政府較親近的
張邦傑、謝東閔。

　　1945 年 4 月 17 日謝春木於重慶國際廣播電臺播講〈用血汗洗刷馬關條約
的恥辱〉〔註119〕：

　　臺灣島內的同胞們，我們希望在臺灣的你們，現在不要輕舉妄動，
　　凡是日本人集中的地方，軍事、工廠、碼頭、倉庫、車站、飛機場、
　　這些地方你們千萬不要接近，最好要迅速離開，被日本征用的工人
　　與壯丁，你們都是被奴役被犧牲的苦難同志，你們要好好地合作，
　　彼此關照，秘密組織，一旦同盟國軍隊在臺灣登陸，你們在工廠可
　　以殺日本人，在軍隊就可以殺日本兵，你們自己推舉自己的隊長，
　　聽其指揮，由敵人後方打起來，將所有敵人都殺光，來替我們祖宗
　　先烈報仇。同時佔了一街莊就改選街莊長，改選街莊會，馬上自治
　　起來；佔了一郡就選舉郡長，選舉郡會議會；佔領一市就選舉市長，
　　選舉市會議員，一步一步將自治的基礎打起來。這樣做下去，我們
　　的民主政治也可建立起來。

〔註116〕謝南光：〈制定臺灣省憲〉，《臺灣民聲報》創刊號，1945 年 4 月 16 日。
〔註117〕何義麟：〈被遺忘的半山——謝南光（下）〉，《臺灣史料研究》第 4 號，1994
　　　　年 7 月，頁 119～125。
〔註118〕討論詳見何義麟：〈被遺忘的半山——謝南光（上）〉，《臺灣史料研究》第 3
　　　　號，1994 年 2 月，頁 163～165。
〔註119〕謝南光（演講稿）：〈用血汗洗刷馬關條約的恥辱〉，《臺灣民聲報》第 2 期，
　　　　1945 年 5 月 1 日。

終戰前夕確認戰後「收復臺灣」的政策後，謝春木等在大陸的臺籍人士重述臺灣與祖國的關係。在這個馬關條約割臺紀念日，謝春木運用廣播試圖激發臺灣漢族意識，甚至呼喊「殺日本人」、「殺日本兵」、「將所有敵人都殺光」，這是「民族主義」在革命時的號召，而後提倡「改選」、「自治」，以「民主主義」作爲穩定民心的治理辦法，然而民主政治卻是遲至 1950 年 7 月才能在臺落實地方選舉。

1946 年 1 月 13 日〈光復後的新臺灣（上）〉提到「在臺日僑的去留問題」，謝春木主張：「一律送回日本，好的日本人若要來，日後再來」，此並非爲巴結國民黨，而忽略臺灣人民在殖民統治下，與部份日人友善交往的事實，筆者以爲他的目的是期盼國民政府視「臺灣爲中國的一省」，比照與中國各省相同的態度來處理戰後的社會問題〔註 120〕，好爲臺灣人爭取自己的權利與義務。

另一原因，或許可以從楊肇嘉回憶戰後在上海所聽到臺灣人民的怨聲載道來推敲。楊肇嘉表示，原因有五：「第一是通貨膨脹，物價逐日飛漲；第二是陳儀留用的日本人太多，讓人民有『換湯不換藥』之挫敗感；第三是軍事、行政集於陳儀一人，與日據時期無別；第四是一切壟斷，茶、糖，甚至火柴都是專賣；第五是指接收機構與物資，根本忘記接收臺灣人的心！〔註 121〕」從此看來，謝春木僅是含蓄地表達臺灣人民第二個不滿心聲吧！

〈光復後的新臺灣（上）〉談及臺灣當時存在「雙重統治」的局面，暗指國民黨陳儀政府寧願相信日本人，也不信任臺灣人的事實。談到經濟問題，謝春木提出一些看法：延續日據時代的專業技術教育，讓臺灣人接管技術性工作，可以解決失業問題，也能支援中國戰後經濟。另外，更嚴厲批評陳儀政府「與民爭利」，過度介入兩岸貿易行爲。他語重心長地說：

> 臺胞總是自家人，非萬不得已的時候，不要隨便依賴外人，尤其利用外人來欺負自家人，這理上也說不過去，民族主義思想也會因此而陷入混亂，我們應該警戒這種混亂，假使在南京再用日本憲兵或警察來管我們，大家不知道將做何感想，同時不知道會出多少亂子，我們接收臺灣，絕對不要埋伏未來產生可怕的亂源。〔註 122〕

此時，謝春木尚未返臺，就已發覺臺灣潛在的危機，但他始終不放棄呼籲以三民主義建設臺灣，〈光明普照下的臺灣〉：

〔註 120〕當時國民政府對於戰後在中國的日軍及日僑皆採遣回日本辦理。
〔註 121〕楊肇嘉：《楊肇嘉回憶錄》，臺北：三民書局，1970 年 7 月，頁 353。
〔註 122〕謝南光：〈戰後日人生活狀態（上）〉，《民報》，1946 年 6 月 29 日。

今日派去接收的祖國大小官員中假使有人還不能信任臺灣人，用一
種歧視的態度來對待臺灣人，甚至不尊重臺灣人的意見，更無視臺
灣人五十一年來的政治要求，那是很不幸的，在進臺灣以前我們希
望這種錯誤的觀念要完全洗刷乾淨，老實說，臺灣人今日所要求的
是民主政治，是政治上的自由和平等。〔註123〕

無論在中國浴血抗日，還是在臺灣被日本人壓榨剝削的臺灣人，皆不受陳儀
政府信任，反而重用日本人，這是「民族主義」的落空；民生經濟被政府專
斷，不被信任的臺灣知識青年失業，這是「民生主義」的落空；延遲民主政
治的落實，無法改選貪污的陳儀政府，這是「民主主義」的落空，繼而爆發
二二八事件，而在謝春木的心裡「三民主義建設臺灣」的希望，一直被國民
政府刻意地延遲落實，正是他認同轉向的主因！

3.「新祖國」的僑胞心聲與外交觀點

在中華人民共和國最高民意機關全國人民代表大會內，設有歸國華僑的
席次，1959 年謝春木以日本歸國華僑身份，被選為第二屆代表。吳桓興〔註
124〕、吳益修〔註125〕與陳宗基〔註126〕聯合發言：〈歸國華僑知識分子投入偉
大祖國建設〉〔註127〕，不免歌頌中共給予歸國華僑發揮專業技術的空間，也
宣揚歸國華僑對祖國建設的貢獻，其中發言人之一的印尼華僑陳宗基，從 1958
年後致力於長江三峽大壩水利工程。

印度尼西亞與中華人民共和國於 1950 年 4 月 13 日建交〔註128〕，1960 年

〔註123〕謝南光：〈光明普照下的臺灣〉，《臺灣民聲報》第 10 期，1945 年 10 月 7 日。
〔註124〕毛里裘斯歸僑，籍貫：廣東梅縣，1937 年就讀布魯塞爾醫學院，1946 年回國
　　　　後，任上海鐳錠醫院院長，中國醫學科學院腫瘤醫院院長，全國政協常委、
　　　　全國僑聯副主席，1985、86 年分別被法國總統和比利時國王授予的勳章。資
　　　　料來源：歷屆全國人大華僑代表，http://www.xmqs.xm.fj.cn/hqdb/hqdb.htm，
　　　　檢索日期：2009 年 11 月 6 日。
〔註125〕荷蘭歸僑，籍貫福建漳州，1952 年回國，任北京天壇醫院內科副主任，全國
　　　　僑聯常委、全國政協委員、北京僑聯副主席。資料來源：歷屆全國人大華僑代
　　　　表：http://www.xmqs.xm.fj.cn/hqdb/hqdb.htm，檢索日期：2009 年 11 月 6 日。
〔註126〕印尼歸僑，籍貫福建安溪，1949 年畢業於荷蘭德魯浦科技大學，獲技術科學
　　　　博士學位。1955 年回國，歷任六、七屆全國人大華僑委員會副主任，全國僑
　　　　聯副主席。資料來源：歷屆全國人大華僑代表：http://www.xmqs.xm.fj.cn/
　　　　hqdb/hqdb.htm，檢索日期：2009 年 11 月 6 日。
〔註127〕謝南光、吳桓興、吳益修、陳宗基：〈歸國華僑知識分子投入偉大祖國建設〉，
　　　　《人民日報》，1957 年 5 月 9 日。
〔註128〕1967 年 10 月 9 日雙方中止外交關係，直到 1990 年 8 月 8 日雙方復交。

謝春木與吳益修、陳宗基三人針對印度尼西亞共和國與中華人民共和國之間的雙重國籍問題提出意見，期盼促進兩國的友好關係，〈只有通過友好協商才能眞正解決華僑雙重國籍問題〉揭露當時印尼 1965 年排華運動九三〇事件〔註129〕前夕的氣氛：「印度尼西亞當局最近還強迫具有雙重國籍的華僑在短期內進行選籍，逼迫一些他們認爲有用的和有技術的人選則印度尼西亞國籍，否則就以解雇及其它迫害手段進行威脅。」〔註130〕謝春木對外交工作相當具有敏銳度，亦深諳日本社會性格，故在中共政權從事中日友好工作，然究竟如何進行這項活動？應先從戰後東亞國際情勢來看，1953 年韓戰結束後，美蘇對峙明顯，中華人民共和國又是共產政權，反美的情緒日漸強烈，而戰後日、臺、韓仍有駐美軍隊，在各國發生少數美軍滋事，各國政府卻無力政府，而引發各國人民反美運動。

1957 年 5 月 25、26 日臺灣爆發「劉自然事件」〔註131〕。26 日中國新華社轉述〔註132〕，27 日謝春木在《人民日報》第 2 版〈支援臺灣同胞的愛國反美鬥爭〉欄目下，發表〈祖國人民支持你們〉：「現在美國在臺灣徵用二十多萬青年到蔣介石的軍隊裡面去，想利用我們臺灣同胞的鮮血來侵略我們的祖國。我相信臺灣青年總有一天會利用敵人的飛機大炮來粉碎敵人侵略臺灣的

〔註129〕1965 年，時任印尼總統的 Bung Sukarno，傾向共產黨，當時的美國政府策動印尼軍人推翻蘇加諾政權，但爲 Bung Sukarno 的手下 Letkol Untung 所悉破，但 Bung Sukarno 幾乎處決所有政變軍方領袖，只留下 Suharto，其後他再次集合反動軍人，並帶領精銳的私人部隊，從蘇門達臘邊到首都，在首都進行大規模鎮壓行動，在印尼全國策動「反共大清洗」，推翻 Bung Sukarno 政權。之後不到一年之內，幾乎將印尼的共產黨員趕盡殺絕，至少 50 萬人被屠殺，亦由於中華人民共和國曾參與援助 Bung Sukarno 的印尼政府，而使大量華人被當作共產黨員處決。事件使大量華人被逼出走印尼，其中中國大陸佔大部分。

〔註130〕謝南光、吳益修、陳宗基：〈只有通過友好協商才能眞正解決華僑雙重國籍問題〉，《人民日報》，1960 年 4 月 15。

〔註131〕1957 年 3 月 20 日深夜 11 點，在陽明山「革命實踐研究院」擔任職員的男子劉自然，在駐臺美軍上士雷諾（R.G. Reynolds）的住宅門前，遭雷諾連開兩槍斃命，但在兩個月後，負責審理此案的美國軍事法庭卻以「殺人罪嫌證據不足」爲由，宣判雷諾無罪釋放，引發了臺灣民眾大規模反美暴力衝突，史稱「劉自然事件」。

〔註132〕新華社：〈美軍士兵槍殺劉自然事件始末〉，《人民日報》，1957 年 5 月 26 日，亦可見 5 月 28 日《寧波日報》轉錄。《人民日報》持續於 5 月 31 日發布新華社，〈「我不願再到殺人者的領土」劉自然的妻子拒絕董顯光的無恥利誘〉，亦可見 6 月 1 日《寧波日報》轉錄；6 月 1 日新華社，〈劉自然妻弟寫信鼓勵他姐姐奧特華 堅持愛國反美鬥爭到底〉。

陰謀。現在臺灣同胞的行動就是反帝抗美鬥爭的開端。」〔註133〕同在欄目下的內容，有北京師範大學政治教育專業三年級二班全體同學急呼：「美軍從臺灣滾出去！」〔註134〕；解放軍軍人馬宗堂喊出：「一定要爲我們的親人復仇」；國際書店總店張延華則重提1946年9月22日上海黃包車夫臧大咬子與西班牙水手產生車資糾紛，而被美國海軍士兵打死之事，以及1946年12月24日北京大學女學生沈崇指控遭到兩名美軍士兵強姦的案件〔註135〕，企圖透國駐外美軍犯罪案件，連結兩岸人民反美情緒，然其目的皆爲呼應1956年中共以中國國民黨與蔣介石爲訴求對象，提出「爭取和平解放臺灣」〔註136〕的號召。

　　韓戰對東亞國際情勢影響甚深，對日本而言，雖然沒參與韓戰，卻是戰爭時期提供美軍大量的物資採購，讓日本發了一筆橫財，促其經濟復甦，且由於美國對日本物資供應的依賴，不得不重新啓用二次大戰時期日本國內各行業的領導與人才，很多原本美軍視爲戰犯者皆相繼復出，重新扮演日本政商各界的重要角色，因此韓戰促使日本在戰後走上，與同樣是戰敗國的德國不盡相同的道路，美日經濟關係緊密，亦相當程度地造成現今日本國內右翼勢力的盛行。

　　1960年7月池田勇人出任日本首相，國際局勢也漸趨生變。首先，美蘇之間的緊張局勢經過1962年的古巴危機以後，冷戰體制趨於緩和，而出現所謂的甘迺迪與赫魯雪夫的友好局面。其次，歐洲也出現了變化，法國總統戴高樂的英雄主義，歐市邁向政治性的結合等因素，使美蘇主控的兩元（bipolar）國際體系發生動搖，國際情勢開始走向多元（multipolar）。因此，日本外務省中持親美的反蘇、反共立場的「冷戰派」逐漸失勢，取而代之的是提倡提倡

〔註133〕謝南光：〈祖國人民支持你們〉，《人民日報》第2版，1957年5月27日。
〔註134〕北京師範大學政治教育專業三年級二班全體同學：〈美軍從臺灣滾出去〉，《人民日報》第2版，1957年5月27日。
〔註135〕張延華：〈有骨氣〉，《人民日報》第2版，1957年5月27日。
〔註136〕兩岸在對解決對方問題的政策上偏重於武力及軍事手段。中國人民解放軍誓言「解放臺灣」，在1949年發動古寧頭戰役企圖登陸大金門島；1955年攻打金門、一江山島與大陳島，引發第一次臺灣海峽危機；隨後在1958年發動八二三砲戰，引發第二次臺灣海峽危機。在主動以軍事方式尋求一統中國的同時，中國共產黨以中國國民黨及蔣中正爲訴求對象在1956年提出「爭取和平解放臺灣」並於1957年由毛澤東提議「第三次國共合作」，隨後1960年由毛澤東與周恩來共同擘劃一綱四目，即：祖國爲中華人民共和國；中央政府在北京，臺灣爲地方政府；臺灣回歸後，除外交歸於中央外，其餘軍、政、人事「均委於蔣」。以上提議均爲中華民國政府拒絕。

池田勇人「日本大國」主義與經濟外交。〔註137〕故池田幾次出訪美國與甘迺迪總統會談，1961 年 6 月 22 日謝春木發表〈池田訪美的背景和展望〉：

> 對臺灣的陰謀也是如此。池田執政以來，已經派了松野代表團、川島代表團、壟斷資本的岩佐代表團訪問臺灣，在東京召開第六屆日蔣經濟合作會議，此外還舉行了池田——沈昌煥會談、小坂——沈昌煥會談，並且由自由民主黨右翼分子公開支持在日本的所謂「臺灣獨立運動」，支持在日本的所謂「臺灣獨立政府」。同時又計劃對臺灣實行大批的投資。據日本「新聞周刊」揭露，去年臺灣的外國投資和技術合作有四十七起，日本就獨占了三十四起，臺灣的大企業有二十家是掌握在日本財閥手裡。將臺灣和南朝鮮劃爲日本勢力範圍，是日本對締結東北亞同盟要向美國索取的代價。〔註138〕

戰後日本思考對美外交有一套單純的支配圖式，就是美蘇對立——對美協調——日本收益，而謝春木認爲日所期盼的利益即是著眼臺灣與南韓，1961 年 11 月 5 日他發表〈池田政府重新染指臺灣和南朝鮮的陰謀〉，提到池田勇人的「新征臺論」：

> 池田勇人的政府侵臺活動特別活躍。池田組閣後，在口頭上說，對中國政策將採取「前進姿勢」，並且強調日本對中國有一種「親近感」，暗示對華政策將有所改變。表面上看來好像比岸信介好一些，其實並不然，所謂前進姿勢是爲應付大選騙取敲詐的手段，到具體表現就什麼也沒有了。池田的對中國政策的實質是更加敵視中國。自由民主黨在池田的領導下已經派出三個以高級領導人爲首的代表團訪問臺灣，同蔣介石集團勾勾搭搭。〔註139〕

池田勇人在政治上對中華人民共和國持謹慎態度，甚至曾短暫支持中華民國〔註140〕，不過卻大力支持日本親中共派松村謙三等自民黨人士，加強與中國

〔註137〕施嘉明編譯：《戰後日本政治外交簡史——戰敗至越戰》，臺北：臺北商務印書館，1979 年 10 月，頁 216。

〔註138〕謝南光：〈池田訪美的背景和展望〉，《大公報》，1961 年 6 月 22 日。

〔註139〕謝南光：〈池田政府重新染指臺灣和南朝鮮的陰謀〉，《大公報》，1961 年 11 月 5 日。

〔註140〕池田內閣在外交上首先面臨的乃是聯合國多年來所爭論的中國代表權問題。按這個問題自從 1950 年在聯合國引起爭論後，一直在美國的堅持及自由民主國家的支持下被擱置下來。但是，1961 年的第 16 屆聯合國大會情況已也改變。日本爲維護中華民國在聯合國的地位，乃與美國等五個國家共同提出重

經貿交流，1962 年 9 月，松村氏就在池田首相的授意下飛往中國大陸，與中共一致同意擴大雙方的貿易。〔註141〕因此時期之中國正欲從「大躍進」運動的挫敗中挺起，極需輸入發展工、農業所需之物資，且當時中蘇交惡，故對日本的貿易更顯重要。同年 11 月日本前通產大臣高碕達之輔訪問中國，與廖承志締結所謂的「LT 貿易」，亦即「日中綜合貿易備忘錄」〔註142〕，中日貿易以此為契機，日漸擴大。

　　由此可知所謂的中日友好運動，是先「經濟」再「政治」的。晚年謝春木始終站在反對美國帝國主義的立場，嚴厲攻擊日本右翼親美行為〔註143〕，並深刻地描述日本當時經濟情況。然可於報刊雜誌上散見謝春木的論述意見，卻鮮見中共讓他實際參與協商事宜，也許係因中共對謝春木的臺灣人身份較敏感，僅運用其「日本通」的能力，參與中日友好運動的幕僚工作。

　　　　要事項指定決議案，主張中國代表權問題是重要事項，必須要有三分之二的多數才能決定。日本政府之所以在聯合國提出這項議案，維護中華民國的權益，主要的用意是不想損害到美國的利益。其後，池田內閣的對中國問題政策，一直採取下列的基本立場：與其有兩個中國，不如只承認一個中華民國，對於日本來得有利，同時對於中華民國及中共雙方的刺激也比較小。施嘉明編譯：《戰後日本政治外交簡史——戰敗至越戰》，臺北：臺北商務印書館，1979 年 10 月，頁 219。

〔註141〕汪莉絹：《中共的對日政策》，臺北：政治大學東亞研究所碩士論文，1992 年6 月，頁 70。9 月 20 日，周恩來一邊強調其所謂的「政治三原則」與「貿易三原則」，一邊表示：雙方的政治關係與經濟關係可以合而為一謀求發展，也可以併行發展。首先應由雙方國民以漸進的方式發展政治與經濟的關係，進而促成雙方關係的正常化。施嘉明編譯：《戰後日本政治外交簡史——戰敗至越戰》，臺北：臺北商務印書館，1979 年 10 月，頁 220。

〔註142〕該備忘錄取其兩位姓氏之第一個羅馬拼音 L（Liao）與 T（Takasaki）而定名。

〔註143〕謝南光：〈美日勾結的一個新步驟〉，《大公報》，1962 年 5 月 6 日。〈「日韓會談」十年〉，《大公報》，1962 年 5 月 26 日。〈日本右翼社會民主主義者在為誰搖旗吶喊〉，《大公報》，1962 年 10 月 22 日。〈日美矛盾的現階段〉，《世界知識》第 10 期，1963 年 5 月，頁 10～12。

第四章　新劇〈政治家は國を我物と思〉、遊記〈新興中國見聞記〉詮釋

第一節　新劇〈政治家は國を我物と思〉分析

一、當革命青年遇上新劇運動

（一）1920 年代臺灣新劇與社會運動的交會

　　從劇本的創作形式，以及官商壓迫中下階級勞工的內容，得知這是一齣新劇，又名文化劇。日治時期臺灣新劇的產生，一方面是受到中國如火如荼的文明戲運動的推行影響，熱愛祖國的知識分子，利用演劇宣揚中華民族思想。另一方面則是受到日本明治開化時期的政治劇的新演劇（後來被稱為新派劇）的影響〔註1〕。

　　臺灣最早的新劇活動是 1911 年日本新派劇代表人物之一川上音二郎在臺北「朝日座」的演出，及 1925 年在臺日人藤原泉三郎、安井清、宮崎直介等人組之「獵人座」，公演尤金・奧尼爾（Eugene O'Neill）的《鯨油》〔註2〕（Ile，

〔註 1〕據呂訴上描述，此新演劇首次公演於明治 21（1888）年 12 月 3 日在大阪市新田座。主持者藤定憲是自由黨的壯士，組織「日本壯士改良演劇會」，來宣傳政見為目的。呂訴上：《臺灣電影戲劇史》，臺北：銀華，1961 年 9 月，頁 293。
〔註 2〕原文《Ile》，1917 年。

1917）。邱坤良解釋：「戰前臺灣新劇運動所受在臺日人的影響有限，它基本上是依附在臺灣近代民族運動和社會運動之中，並未茁壯成獨立的藝術體系，與民眾生活的戲劇習俗也扞格不入，而後在大的政治環境中受統治者的壓抑而窒息〔註3〕。」

日據時期臺灣的政治、文化運動，本來就經常借用類似「劇場」等，足以容納廣大聽眾的場所，進行演說兼演劇或播放電影。1927 年民眾黨成立初期，爲了在各地廣設支部，常在各地劇場演講，10 月 24 日民眾黨高雄支部在高雄劇場，謝春木、韓石泉與蔡培火演講，25 日民眾黨宜蘭支部在巽門借用劇場，有謝春木、蔣渭水、盧丙丁與林火木演講〔註4〕，類似這樣的演講場合，期間應該偶有演劇表演。1929 年 2 月 17 日《臺灣民報》即刊載「工友總聯盟」的第二次代表大會，本部爲慰勞各代表，在 2 月 13 至 15 日，於臺南市武廟開懇親會，其中有獨幕劇《利害》、家庭劇十幕《月下鐘聲》〔註5〕。

1923 年 10 月 17 日，以非武裝的社會與文化運動反抗日本殖民統治，爭取臺灣人民自主權的「臺灣文化協會」，於第三屆定期總會議決事項第六項中，增列了有關雜誌的刊行、普及羅馬字、開夏季學校等，及「爲改弊習，涵養高尚趣味起見，特開活動寫眞會、音樂會及文化演劇會」這是文協首次揭櫫戲劇運動的方針〔註6〕。此後，結合文協爲主力的民族運動，扮演著文宣隊及戲劇改良者的角色，稱爲「文化劇」〔註7〕。

「新劇」自 1923 年成立「臺灣青年會」時，便注入臺灣社會運動。總督府取締禁止「社會問題研究會」之後，反而造成臺灣知識份子強烈的追求社會革命思想。蔣渭水和王敏川、連溫卿等以標榜「地方文化向上，鼓勵體育」

〔註3〕 邱坤良：《舊劇與新劇：日治時期臺灣戲劇之研究（1985～1945）》，臺北：自立晚報，1994 年 7 月，頁 289。

〔註4〕 〈民眾黨高雄支部發會式〉，《臺灣日日新報》第 9882 號，1927 年 10 月 30 日。〈宜蘭政談演講〉，《臺灣日日新報》第 9882 號，1927 年 10 月 30 日。

〔註5〕 〈工友總聯盟第二次代表大會 加盟團體四十一團 出席代表百餘名〉，《臺灣民報》第 248 號，1929 年 2 月 17 日。

〔註6〕 葉榮鐘：《臺灣民族運動史》，臺北：自立晚報，1971 年，頁 294。

〔註7〕 日治時期臺灣出現許多與傳統戲曲截然不同的新型戲劇。改良戲起源於日本新派劇（新演劇）及中國文明戲，出現在 1920 年代初期，其演出以商業爲目的，後來傳統戲曲也沿用，出現「改良白字戲」、「改良歌仔戲」之類的劇團；文化劇配合「臺灣文化協會」活動，提倡「文化向上」，皇民劇與青年劇則爲戰時體制下的產物，標榜「日本精神」。邱坤良：《舊劇與新劇：日治時期臺灣戲劇之研究（1895～1945）》，臺北：自立晚報，1992 年，頁 301～302。

組織「臺北青年會」，來研討社會問題及當代主義思潮。聚集翁澤生、洪朝宗、許天送、鄭石蛋等十餘人於大稻埕的江山樓，推舉負責人王敏川，常任幹事林野，約 170 多位會員。該會負責人王敏川，決定在 8 月 12 日召開成立大會，籌演臺灣話劇作爲餘興，此外，也搬演尾崎紅葉的日文話劇《金色夜叉》，劇中人物主角皆由張暮年及楊朝華的太太負責，會場在港町文化講座，向當局申請的人爲林野〔註8〕。原因無他，籌演話劇不僅助興，對外有啓迪民智之用，對內有團結士氣、招募青年入會之用。其中成員白成枝，於 1930 年代與謝春木共辦《洪水》報，連震東之父連雅堂與謝氏皆擔任張維賢「民烽演劇研究會」之講師，翁澤生、侯朝宗等人與謝春木在上海時期應有聯繫，謝春木的交遊中不乏新劇愛好者。

　　1923 年 12 月由彰化的大陸留學生〔註9〕組織成立「鼎新社」，是臺灣最早含有政治運動性的新劇團。他們從廈門通俗教育社帶回劇本「社會階級」（獨幕笑劇），「良心的戀愛」（五幕社會劇）公開上演，於 1925 年確立組織名稱爲「鼎新社」。後來又受臺灣文化協會邀請演出，曾獲佳評。在《臺灣民報》上經常刊登文化劇支持文協活動的報導，1925 年 10 月 11 日《臺灣民報》：「大甲之文化演講及懇親會，餘興有文化劇，極呈盛況〔註10〕」；1927 年 1 月 9 日《臺灣民報》：「一般對文化運動熱心的青年，要利用演劇改革社會的惡弊，提高文化，就開創了文化劇〔註11〕」。在文協推動下，各地的社會運動團體紛紛成立演劇隊。

　　此時農民運動風起雲湧，經由林本源製糖會社的二林事件、陳中和新興製糖會社的土地糾紛及三菱竹林事件，各地農民組合先後成立，1926 年 6 月在李應章、簡吉、趙港的倡導下，「臺灣農民組合」宣告成立，成爲文協的相關團體，而演劇隊也與農民運動互爲表裡，盛極一時。

〔註8〕　成立大會開幕之前，警吏取出臺灣總督公文，命令解散，而與民眾爆發衝突，結果林野、王敏川、鄭石蛋、周和成等被帶回北署訓諭。連溫卿，張炎憲、翁佳音編校：《臺灣政治運動史》，臺北：稻香，1988 年 10 月，頁 43～45。

〔註9〕　周天啓、謝樹元、陳金懋、林朝輝、吳滄洲、蔡耀東、林清池、楊松茂、潘爐、郭炳榮、黃朝東、陳崁等組織。呂訴上：《臺灣電影戲劇史》，臺北：銀華，1961 年 9 月，頁 296。

〔註10〕〈大甲之文化演講及懇親會　餘興有文化劇極呈盛況〉，《臺灣民報》第 74 號，1925 年 10 月 11 日，第 5 版。

〔註11〕〈歌仔戲怎樣要禁？〉，《臺灣民報》第 139 號，1927 年 1 月 9 日，第 4～5 版。

　　至於工人運動與新劇運動的匯聚，則可著眼於 1926 年 7 月成立的無政府主義政治團體「孤魂聯盟」。日本道垣藤兵衛與張維賢、周合源、林斐芳等人組成，以研究、宣傳無政府、謀求無產階級解放爲目標，曾舉辦多次演講會進行宣傳，後來道垣與臺籍成員不合而退出，但萬華「愛愛寮」的施乾加入，把「孤魂聯盟」帶入工運色彩，1928 年 7 月日方對相關人員進行搜查而解散組織〔註12〕。然而，1920 年代臺灣社會運動中最重要的農工運動，皆與新劇運動交會。

（二）《臺灣民報》刊載新劇劇本之概況

　　若臺灣新劇之精神即抵抗帝國、殖民統治，那麼重新檢視謝春木主要發表作品的《臺灣民報》體系，其中所刊登的新劇劇本狀況，或許能確認謝氏劇本在臺灣新劇史與社會運動史上的意義。筆者茲將《臺灣民報》所載劇本整理爲附表二「《臺灣民報》體系所載劇本一覽」〔註13〕。

　　《臺灣民報》體系是臺灣新文學作家發表的重要園地之一。1923 年 4 月 15 日《臺灣民報》第 1 號即轉載胡適劇本《終身大事》，轉載前述：

> 胡博士乃中華思想界的第一新人。他的令先君，前清的時代，曾到臺灣做官。博士平時的著述，也常常念著臺灣。所以和我們的緣故，算來實在不小。記者超這編，載上本報，不但介紹博士的名著給讀者閱看且對博士要表個極大的敬意。盼望其再到臺灣同我們同胞談談心，在那地方的人，不知道得了多少的光榮哩——這一類的戲，西文教做 Frarce（Farce 之誤）譯出來就是遊戲的喜劇。是博士受北京米國同學會的拜託，代他們拼出來的，豈知這編好文字一經發表出來，感動著全國家庭。受各界非常讚美！……超今附言。

眾所周知，1918 年《新青年》發行〈易卜生專號〉，刊登了易卜生的劇本和胡適的論文《易卜生主義》，以胡適寫作的《終身大事》向易卜生的《傀儡之家》致意，後來有志於創造中國現代戲劇的青年，如洪深、田漢等，均把「做中國易卜生」當作人生理想。《傀儡之家》的娜拉在經歷一場家庭變故後，終於

〔註12〕邱坤良：《舊劇與新劇：日治時期臺灣戲劇之研究（1985～1945）》，臺北：自立晚報，1994 年 7 月，頁 297～298。

〔註13〕下文所見篇目，若無引文，將不附註，自行參照附表二「《臺灣民報》體系所載劇本一覽」。

看清丈夫的真面目和自己在家中扮演的「傀儡」角色，於是在莊嚴的聲稱「我是一個人」之後，毅然走出家門。這對於處於封建婚姻制度下的中國青年，影響很大，娜拉成為他們崇拜的偶像。胡適首先創作《終身大事》，劇中田小姐和陳先生戀愛，而其父母竟以求神問卜與幾百年前田、陳一家的荒謬理由，干涉他們的婚姻。田小姐留下「孩兒的終身大事，孩兒該自己決斷」的字條，與陳先生一起出走，是對中國舊勢力的宣言。《臺灣民報》沒有引介易卜生的《傀儡之家》，卻直接引介胡適的《傀儡之家》，從劇本訴求來看，《傀儡之家》主張身為人母、人妻的女性走出家庭，成為「一個人」，而《終身大事》則是對知識青年的號召，對父母所代表的封建婚姻提出抗議，知識分子所營救的「婦女」，仍偏重「未婚女性」這個對象，此與臺灣文化啟蒙運動所關心的「婦女」一詞的概念，較為吻合。

　　其實無論是中國還是日本戲劇，乃至整個東亞地區，皆透過接受和吸收易卜生的作品，以促使新劇運動的蓬勃發展。明治晚期日本新劇運動萌芽，1906 年島村抱月領導成立「文藝協會」，並由坪內逍遙接任會長推動新劇之後，坪內翻譯莎士比亞劇，希望透過莎翁，在日本近代劇中建立新史劇的地位；劇作家兼小說家小山內薰，1909 年設立自由劇場，翻譯挪威劇作家易卜生的劇本，在自由劇場陸續上演。文藝協會和自由劇場，成功的把西洋的近代劇移植到日本，奠定日本新劇的基礎〔註14〕。

　　此時留學日本的魯迅，於 1908 年在清末留學生創辦的雜誌《河南》，以令飛為筆名發表了〈摩羅詩力說〉，其中提到「伊孛生」。同年八月魯迅又在署名迅行的《文化偏至論》裡提到「顯理伊孛生」，這兩篇文章都對《人民公敵》有所稱讚〔註15〕，只是當時《河南》對中國國內文壇的影響力並不顯著。

　　坪內逍遙所主張的「新史劇」，是以歌舞伎狂言的時代物為出發點，始於河竹默阿彌的「話歷物」，即以歷史上的人物，尤其是忠臣、孝子、節婦等為主題的勸善懲惡的內容，反映當時的社會風俗〔註16〕，此與《臺灣民報》所刊載第二篇劇本風格類似。這篇劇本《屈原》，為 1924 年張梗贈予臺北醫專好友吳海水伉儷新婚所作。

〔註14〕劉崇稜：《日本近代文學概說》，臺北：三民，1997 年，頁 116。
〔註15〕瀨戶宏〈從日本看中國接受易卜生作品的過程──以五四時期為主（發言稿）〉：http://hi.baidu.com/laihuh/blog/item/78ee8895ffdafd6754fb9671.html，檢索日期：2010 年 4 月 1 日。
〔註16〕劉崇稜：《日本近代文學概說》，臺北：三民，1997 年，頁 115。

　　吳海水（1899～1957），臺南市人，在就讀臺北醫專時，與謝春木等人以謝文達的家鄉訪問飛行爲由，聯合臺北師範與臺北醫專的同學組織歡迎會，爲日據時期學生運動的先鋒。蔡培火在吳海水的告別式曾說：「吳烈士行醫所得貲金，一部分用在培火的肚子裡。」可見吳海水民族運動慷慨解囊，不爲人後。1922 年，吳海水畢業於醫專後，復繼續研究熱帶醫學一年。他原可分發於家鄉臺南醫院服務，但當局要他脫離文化協會，始給派令，他不屈此無理要求，赴鳳山自行開業。1923 年年底發生「治警事件」，吳海水是被日警扣押的 41 人之一，也被列名在解送臺北地方法院公判的 18 人之中，然而第三審以無罪定讞。翌年，他與劉美珠結婚，張梗特作此獨幕劇《屈原》贈予紀念〔註 17〕。

　　張梗與吳海水同鄉，臺北醫專同窗，畢業後赴日就讀早稻田大學政治經濟學部。在臺灣民報發表過幾篇文章，最有名者爲〈討論舊小說的改革問題〉，未及四十歲便去世于日本，他的獨生兒就是葉榮鐘的大女婿。劇本《屈原》備記寫作緣由，可見張梗對史記、楚辭，乃至中國的傳奇戲曲多所鑽研。當時張梗與吳海水雖友好，但並不如吳海水般熱衷於政治活動，他與他另一名好友陳虛谷皆是將心力放在文化啓蒙、新文學創作方面，《屈原》一劇中屈原與漁父的問答，好似張梗站在漁父的位置，不斷叩問屈原，亦即吳海水心中的政治理想。

　　《臺灣民報》所刊載的第三篇劇本，爲張我軍翻譯日本白樺派代表人物武者小路篤實（1885～1976）的劇本〈愛慾〉，此劇共四幕，張氏卻只有連載兩期，爲何沒有完整收錄，原因不明。他不贊成自然主義文學中的消極悲觀情緒，而提倡自尊自愛、積極進取的人生態度。這種思想反映在他的《一個

〔註17〕 莊永明：〈「臺灣眞青年」吳海水〉，《臺灣紀事（上）》，臺北：時報文化，
　　　　 1989 年 10 月 10 日，頁 390～391。2006 年研究者林莊生撰文，提到張梗
　　　　 在《台灣民報》上發表〈屈原〉與小說理論，但對其出生日期並無結論，
　　　　 推論其歿年爲 1935 年 10 月 2 日，而從葉榮鐘之語推論其生年爲 1897～1900
　　　　 年之間，張梗爲台北醫專學生，與莊垂勝、葉榮鐘等人有交情。不過隔年，
　　　　 2007 年研究者藍博洲撰文，提到張梗爲台共張志忠本名，並詳細描述張志
　　　　 忠及其妻兒之生平與死因，但是卻沒有正面回應這位「張梗」是否就是在
　　　　 《台灣民報》發表劇本與小說創作意見的「張梗」。林莊生：〈張梗的照片
　　　　 和其他〉，《台灣文學評論》第 6 卷第 4 期，2006 年 10 月，頁 35～38。藍
　　　　 博洲：〈孤墳下的歷史：張志忠及其妻兒〉，《思想》第 5 期，2007 年 4 月，
　　　　 頁 153～190。

家庭》、《某日的夢》、《養父》等劇作中。1914 年他創作的《他的妹妹》和《一個青年的夢》兩部劇作以反戰為主題，魯迅曾將後者譯介給中國讀者。1918年他創辦《新村》雜誌，發起「新村運動」，建立勞動互助、共同生活的模範新村，鼓吹烏托邦式的社會主義。劇本《新浦島之夢》是這種思想的體現。此後他又寫了《人間萬歲》、《愛欲》、《畫室主人》、《孤獨之魂》等劇本〔註18〕。標榜人道光明的白樺派的劇作曾刊登於《臺灣民報》，亦豐富臺灣新劇初期的內涵。

　　大正末期發刊的《臺灣民報》，三年內僅刊登三篇劇本，一篇自中國轉載、一篇自日本翻譯，一篇取材自中國古代故事「舊瓶裝新酒」而成，可知臺灣受到日本、中國新劇運動影響之深遠，其中中國留日學生歸國後，亦將日本明治時期的新劇運動成果帶回中國，豐富中國新劇發展，而臺灣的大陸留學生又將中國新劇運動的成果帶回臺灣，例如 1923 年彰化的「鼎新社」，此後臺灣新劇仍與日本、中國維持這樣的「三角關係」。

　　同小說、新詩與雜文的情況類似，《臺灣民報》也多從中國報刊轉載已發表的劇本創作〔註19〕，只是多以筆名發表，目前尚無法知曉各篇確切的創作動機。1927 年從《民鐘報》轉載桃心《我不自由》，這是一篇相當簡短的獨幕劇，兇悍的夫人秀芳一出場便怒斥丫頭秋花，待老爺憨宗返家，在秀芳的威逼之下，憨宗吐露方才到訪「華子家」以致晚歸，秀芳一氣之下將憨宗趕出家門，憨宗哭喊：「我不自由！」秀芳：「誰教你不自由？誰給你不自由？快給我滾出去！這是你自取自戕自由。」秀芳所言甚是，有婦之夫的憨宗私會情人而不得歸家，是「自取自戕」，但是秀芳潑婦罵街的形象，似乎又醜化「正室」，從此可見，初期劇作家創作思慮不周之處。

　　《臺灣民報》也從《民鐘報》轉載兩篇小說，世荃〈為什麼〉〔註20〕、苑約〈溪邊——野外的故事之一〉〔註21〕，《民鐘報》這份報刊是 1910 年代至 1930 年代，福建省與東南亞華僑社會內有影響的報紙之一。1916 年 10 月

〔註18〕武者小路篤實：http://baike.baidu.com/view/60559.htm，檢索日期：2010 年 4月 3 日。

〔註19〕羅詩雲：〈郁達夫在臺灣：從日治到戰後的接受過程〉，政大臺文所碩士論文，2008 年，頁 58～61。

〔註20〕世荃：〈為什麼〉，《臺灣民報》第 180 號，1927 年 10 月 30 日，第 9 版。

〔註21〕苑約：〈溪邊——野外的故事之一〉，《臺灣民報》，1928 年 3 月 11 日，第 9版。

1 日由華僑創辦，1917 年 11 月《民鐘報》遷到鼓浪嶼和記崎，繼又遷往大宮口。1918 年 5 月 28 日，北洋軍閥福建省督軍李厚基以該報攻擊政府的罪名，對《民鐘報》執行標封，報社所有設備都被搬到廈門。1921 年 7 月 1 日復刊，此後至 1930 年《民鐘報》幾起幾落，多次被查封又復刊，直至最後被查封停刊，前後出版 14 年。如前述，由彰化的大陸留學生組織的鼎新社，從廈門通俗教育社引進新劇，因此臺灣新劇發展與中國，特別是廈門的淵源，仍值得考察挖掘〔註22〕。

南一中畢業的臺灣青年青釗，後來進入南京大學就讀，是《臺灣民報》上唯一發表兩篇劇本創作的人。青釗應是筆名，真實姓名為何？仍待考證。他運用〈巾幗英雄——贈南一中畢業諸鄉校友〉，鼓勵臺灣知識青年赴中國留學：

> 他考進了國立的大學，省政府照例有津貼的，並且現在國民政府所施設的教育是平民化的，學費很便宜，凡是小康之家都有受高等教育的機會；不像此地的教育是貴族式的、資本家的少爺小姐纔有資格進中等以上的學校，像那「貧無立錐」的窮小子要受中等教育是夢想所不到的〔註23〕。

亦藉由劇中正義的高女學生施蕙蘭，責備同學黃佩蓉打罵家僕的惡習，給資產階級的知識分子一拳痛擊：

> 前天的演說會你一上了臺，開口就是說甚麼自由啦！平等啦！甚麼解放啦！說得真動聽。唉！你只會出風頭罷了。自由平等嗎？哼！談何容易！……單靠著口頭去提倡是無效的，最要緊的工作是努力去奮鬥，努力去實行啊！像你一面高唱著自由平等，一面家裏養著丫頭、正是俗語所說的「嘴念阿彌陀，手拿殺牛刀」啊！你有資格來提倡自由平等嗎？你有資格來作新時代的人嗎？〔註24〕

青釗的另一篇劇本創作〈蕙蘭殘了〉，裡面高唱階級、性別解放的知識青年，少爺陸少庭，最後迎娶「日本小姐」，拋棄初戀的丫頭盛蕙蘭，對比先前盛蕙

〔註22〕廈門近代史：http://bbs.xmnn.cn/viewthread.php?tid=1620129，檢索日期：2010年 4 月 3 日。
〔註23〕青釗：〈巾幗英雄（下）——贈南一中畢業諸鄉校友〉，《臺灣民報》第 212 號，1928 年 6 月 10 日，第 8 版。
〔註24〕青釗：〈巾幗英雄——贈南一中畢業諸鄉校友〉，《臺灣民報》第 211 號，1928年 6 月 3 日，第 9 版。

蘭爲了堅守兩人的愛情，設法逃離富紳白秋圃的狼爪，無疑激起觀眾與讀者
憤懣之情。部分日據小說所關心的「內臺聯姻」議題，劇本創作者亦有所思
考。彰化人士少嵒，爲贈東京礦溪會諸兄所作〈櫻花落〉，奉勸諸位臺灣知識
分子，莫娶「日本妻」之意。難得的是，他站在女性立場「日本妻」一角設
想，頗有同情「日本妻」在臺處境的意味。劇中男女婚前郎情妹意，如膠似
漆，返臺定居後，臺灣青年林隸生是靠搖筆桿爲生的文學家，根本無法提供
嬌妻國本櫻子理想婚姻中的物質生活。國本櫻子遠嫁他鄉，風土民情適應不
良外，還被在臺日人嘲笑「甘心做清國奴的老婆」，又被部份臺灣人罵「日本
婆」、「番仔婆」，最終以刎頸自盡的悲劇收場。

　　同樣的，從中國《婦女雜誌》轉載的炎華〈蜜月旅行〉，裡頭一對新婚夫
妻與婆婆爲「蜜月旅行」而爭執，婚前在演講會、報紙雜誌上宣揚家庭革命、
婦女解放的丈夫，婚後卻無法勸說自己的母親放下「新房未滿月，不許空房」
的習俗，一圓妻子的蜜月夢，明顯是諷刺當時男性知識分子，在公領域與私
領域兩側，表裡不一。從中國《山朝》轉載汪靜之〈新時代的男女〉，以 1919
年北京的五四運動爲時代背景，場景設於李疑古家中客廳，對話中除了呈現
學潮的愛國精神，亦表現新思想對舊式婚姻、男女觀念的衝擊，重要的是最
後一期連載卻遭總督府「食割」。劇本中角色立場多元，若不細究便容易誤讀，
也因此蠻能躲過總督府的檢查機制，這篇〈新時代的男女〉是《臺灣民報》
上唯一一篇遭食割的劇本創作。另外，值得一提的是，在爲數不多的新劇創
作中，卻有許多篇關於婚戀、家庭革命的創作。場景多半設在客廳、飯廳或
是臥房，就連暗指臺灣抗日運動內部分裂的陳逢秋劇本〈反動〉，也是設在「普
通家庭內」。這些劇本中女性形象格外鮮明，時而嬌嗔任性，時而瘋狂咆嘯，
抑或滔滔不絕的雄辯，都栩栩如生。

　　1928 年《臺灣民報》刊登一篇吳江冷的創作劇本《平民天使》，不同以往
之處在於，受壓迫者不再是「資本家的女兒」、「資本家的丫頭」、「嫁作臺灣
婦的日本女性」，而是「女工」，其意義在於「女工」係因殖民帝國引進的現
代工業而產生的新身份。劇本以一對知識階層年輕夫婦對比一群女工。年輕
夫婦發出幸福的喟嘆：

　　蘊文：我想我們眞算是有幸福了、在禮拜日休養的日子、能知欣賞
　　美術、有這種美化的生活〔註25〕。

<hr>

〔註25〕吳江冷：〈平民天使（上）〉，《臺灣民報》第 219 號，1928 年 7 月 29 日，第 9 版。

女工們則發出悲嘆：無法接受教育；即使工時縮短，亦不知如何打發多餘的時間；欲參加青年會所辦的講演及影戲，卻遭拒絕。年輕夫婦見狀，出於同情，當下為女工歌舞一曲「平民天使歌」：

> 可英：你們的議論我都已聽見了、我非常之同你們之表同情、現在
> 我想吹一曲口琴給你們聽、來安慰你們的痛苦與疲倦〔註26〕。

歌舞中，警察疑為勞工集會，喝斥女工離開；及見著紳士裝之夫婦，又低聲下氣陪笑臉。年輕夫婦結束歌舞，女工以感激口吻回謝夫婦：

> 女工卯：天使的姊姊、想必你是上帝那邊來的。想你必是見我們太
> 苦了、特來安慰我們……〔註27〕。

這篇劇本形式雖簡短，卻勾勒出現時代眾生相。研究者黃琪椿認為：劇本架構具有雙重意義。第一為具象地反映了知識青年注意到無產大眾後，轉而思考並提供大眾文化需求的過程。然而思考主體由知識階層轉向無產大眾，並不意謂著知識階層對無產大眾的態度亦趨於一致。《平民的天使》的第二層意義，即是具現了知識青年理論與實踐的落差。作品中安排女工以感激的口吻，稱知識青年為上帝派來的天使；天使對女工，高下差別立現。

男性知識分子的階級與性別位置，讓他們在創作劇本時，難免多所矛盾，但細讀其中多重意義，才更能理解日據時期知識分子對西方新思想的接受過程。放在《臺灣民報》場域來看，《平民的天使》的確注意到無產大眾，這與1928年臺灣風起雲湧的農工階級運動必然有關。然而1929年9月1日《臺灣民報》刊登新劇劇本《政治家は國を我物と思ふ》，這篇未屬名作者的日文劇本，隔年，也就是1930年，收錄於謝春木出版《臺灣人は斯く觀る》。這篇劇本不同以往《臺灣民報》刊登的劇本之處，在於它使用日語創作，可能係謝春木慣用日語創作文學作品，且擔任《臺灣民報》和文部主任之故；劇本場景亦不在是家庭中的客廳、臥室，而是農工大眾受日本殖民壓迫的歷史現場，藉由人物對話隱喻主題。

〔註26〕吳江冷：〈平民天使（下）〉，《臺灣民報》第220號，1928年8月5日，第9版。

〔註27〕吳江冷：〈平民天使（下）〉，《臺灣民報》第220號，1928年8月5日，第9版。

二、謝春木與新劇活動的關係

　　1927 年 1 月臺灣文化協會分裂，同年 2 月任職於《臺灣民報》的記者謝春木，被調任為臺南通信部主任，積極參與南部的勞工運動。

　　是年 5 月 16 日因為工業界不滿日本當局壓制而掀起的罷工，故組成一個演劇團體「慰安高雄罷工團」，於三塊厝工友工場內演出「戀大老」，此劇原是由黃金火擔任編導。據呂訴上描述：全劇二幕：第一幕，大老的家庭。第二幕，公園。內容是打破迷信，藉此抗議日本當局對臺灣勞工的壓榨。次日，再以「臺灣勞働青年演藝會」的名義，由「慰安高雄罷工團」支援演出「封神臺」諷刺諧劇。亦能見蔣渭水等人以文化劇團慰勞淺野洋灰罷工之身影〔註28〕。此時，身處南部工運現場的謝春木，應該更深刻感受到殘酷的階級問題，而且發覺「文化劇」具有強烈激勵農工運動的渲染性，因此讓他有意識地創作此劇，並自然地將自己對農工階級的同情融入其中〔註29〕。

　　退出文協的舊幹部另組臺灣民眾黨，其外圍組織 1928 年的「臺灣工友聯盟」，其部份會員曾成立「黎明演劇研究會」，但在 1928 年 7 月下旬，民眾黨系統的「臺北勞働青年會」便廢止戲劇部，而以放映電影的「美臺團」代之，並聲明與「黎明演劇研究會」脫離關係〔註30〕。

　　文協雖然分裂，但從 1923 年第三屆定期總會議決定支持新劇運動後，各地劇團紛紛成立，如「戀大老」的編導黃金火所組織的「臺南文化演藝會」、林延平「安平劇團」、吳丁炎的北港「民聲劇社」、凌水龍的基隆「民運劇團」等。

　　黃金火乃臺南共和醫院〔註31〕院長，他所組織「臺南文化演藝會」，強調五點信念：1.語言須用方言，2.服裝現代化，3.劇情要有教化意義，4.舞臺裝飾要現代化，5.演員要有教養。他們於 1927 年 3 月 28 日在臺南「南座」首演多齣劇目，第二次公演即上演「戀老大」。「戀老大」這齣戲的兩次演出，蔡培火之兄蔡嘉培都有擔綱演出，另外共和醫院又是黃金火與韓石泉合資開業，從中不難看出黃金火與分裂後文協舊幹部的關係，從這層人際網絡來看，這趟短期的臺南調任經驗，對日後謝春木創作劇本應不無啟發。

〔註28〕蔣朝根編：《蔣渭水留真集》，臺北：北市文獻會，2006 年，頁 129。
〔註29〕呂訴上：《臺灣電影戲劇史》，臺北：銀華，1961 年 9 月，頁 298。
〔註30〕〈臺北勞働青年會會員大會　決議廢止演劇部〉，《臺灣民報》第 219 號，1928
　　　　年 7 月 29 日，第 6 版。
〔註31〕當時院址臺南市本町四丁目 179 號，今永福路巷弄。

　　謝春木的劇本〈政治家は國を我物と思〉發表時間是 1929 年 9 月 1 日，創作時間約莫是謝氏從第一次中國旅行回臺後。研究者陳才崑認爲王白淵可能應謝春木之邀，去過上海，故有左明〔註 32〕〈到明天〉之譯作，和〈獻給印度人〉、〈佇立楊子江〉之詩作〔註 33〕。在日本上海領事館報告記錄：謝春木與王鍾麟前往中國參加孫文的改葬儀式。5 月 30 日謝春木兩人與陳某，宿南京東南飯店〔註 34〕。這位陳某，很可能就是王白淵。不過，若以劇作〈到明天〉文本末標示「1930 年 2 月 26 日作於上海」，並未說明爲原作時間還是譯作時間，王白淵也很可能是 1931 年 7 月謝春木二次前往中國時，相約上海碰面，可惜目前沒有佐證的史料。

　　在戲劇領域來說，左明可說是田漢的徒弟。1926 年田漢籌建南國藝術學院時，左明也爲之奔波。1929 年左明與陳伯塵等十七人首創摩登社，成爲上海各大中學劇團和戲劇運動的領導者。是年，左明編輯的《中國學生》「學校運動戲劇專號」，由上海良友圖書公司出版；他與趙銘彝編輯的《南國》周刊也擴大了發行；摩登社亦同上海戲劇界組成了上海戲劇界聯合會。同年 7 月 7 日至 29 日，摩登社在南京等地演出中，左明幫助田漢修改了不少劇本。1930 年上海劇聯發展爲中國左翼戲劇家聯盟，左明爲其成員之一。若是如此，謝春木與王白淵兩人在上海時，很可能與田漢與左明有所接觸。

　　獨幕劇〈到明天〉中，有三個人物，一位七十六歲老翁是位老革命家、

〔註 32〕　左明（1902～1941），陝西南鄭人，原名廖宗岱，又名廖作民、廖新，號菊陽，又號左明。與何挺穎是漢中聯合中學同窗，1924 年 5 月，兩人入上海浦東中學補習，先後進入大同大學、上海大學學習，並加入中國共產黨，也參與漢中旅滬同鄉會會刊《漢鐘》月刊編輯工作，之後對漢中地區宣傳共產思想。1925 年因參加中共地下組織而被追捕逃亡，但不久又回到上海與何挺穎組織新漢社，辦《新漢》期刊。1926 年 1 月田漢等人籌建南國藝術學院，左明與陳明中等爲之四處奔走，4 月 9 日 60 名南國師生在杭州首次公演，轟動全市。1926 年左明在北京組織中國北方第一個紅色話劇團體「五五劇社」，次年左明回滬參加《斷笛餘音》的演出和攝製，南鄭廖氏宗親得知左明在上海成爲名伶，就削其族籍，並斷絕給他的經濟資源，左明自此捨去廖姓，直呼左明，和田漢、歐陽予倩等巡迴江南與革命地區。他創作的〈到明天〉與〈夜之顫動〉，在舞臺上「塑造了工人階級愛國反帝的高大形象，受到觀眾好評」。左明：http://translate.googleusercontent.com/translate。檢索日期：2010 年 3 月 9 日。

〔註 33〕　王白淵，陳才崑譯：《荊棘的道路》，彰化：彰化縣立文化中心，1995 年，頁 422。

〔註 34〕　〈B02031442800・臺灣人關係雜件〉，1927 年 3 月 29 日～1929 年 7 月 1 日。亞洲歷史資料中心：http://www.jacar.go.jp/，檢索日期：2010 年 6 月 4 日。

老翁的兒子是個少年工人，還有一名少女為某工廠老闆所雇之女傭。一開始老翁與少年因「大罷工」而飢寒交迫，並暗示少年先前被愛情迷惑，使老翁與少年貧苦的生活雪上加霜。老翁出外覓食後，一名少女闖入乞求少年的收留，並訴說不願接受工廠老闆納妾的要求而逃跑，最後老翁返家，得知少女身世與品格，將所覓得的食物交給少年與少女二人，並囑託二人完成明日「大罷工」的最後一仗，便撒手人寰〔註35〕。相較之下，先前的新劇劇本所設定的場景，多半在「客廳」、「少女閨房」，主題多以「婚戀關係」為核心，探討留學、內臺聯姻等社會議題，相較之下此篇〈到明天〉的場景更加激烈寫實。左明於 1920 年代末活躍於華東新劇壇，謝春木兩次至中國旅遊都有趕上，雖然謝春木不曾在遊記中記錄對新劇運動的觀察，但應該感受得到上海新劇運動蓬勃的朝氣，其為學生運動與農工運動所注入的活力，激發他回臺創作一篇如〈到明天〉般，渲染力十足的劇本。

臺灣新劇在 1926 年至 1928 年間的興起，及其所隱藏的政治訴求，不為日本殖民政府所容，為了遏止如火如荼的新劇運動，日本當局暗中警告戲園主人不得出租場地，後來又規定劇本需先送當局檢查，通過後始得排演，即使被核准之演出也常遭受百般刁難。1928 年 7 月 15 日《臺灣民報》刊載，彰化新劇社受宜蘭讀書會邀請，在宜蘭公會堂連續演出三晚，開演翌日警察課便召屆出者蕭阿乖、飾演農夫的謝有丁與飾演樵夫的劉慶璋，以前夜演出《復活玫瑰》第五幕時，謝劉二人互相對答時候說：「農夫終日勤勉工作，還不得獲日常充飢的麵包，其原因都是被資本家剝削，自今以後是不得不互相團結，為自階級的向上計，和他抗爭。」皆以「不符劇本」為由，三人各處十圓罰鍰，三人聽後不服抗議，該警察大發脾氣，取消這日的演出。當晚宜蘭讀書會也改話劇表演為講演會〔註36〕。

張維賢〈我的演劇回憶〉〔註37〕：

> 表面上是為使法令合理化，似乎不是單獨難為文化戲，從此開始檢審劇本。本來臺灣從前的各種戲劇，根本沒有所謂劇本，因之叫苦

〔註35〕王白淵，陳才崑譯：《荊棘的道路》，彰化：彰化縣立文化中心，1995 年，頁 212～227。

〔註36〕〈新劇社開演　警官無理阻害〉，《臺灣民報》第 217 號，1928 年 7 月 15 日，第 4 版。

〔註37〕張維賢：〈我的演劇回憶〉，《臺北文物》第 3 卷第 2 期，1954 年 8 月。附錄於曾顯章《張維賢》，臺北：北藝大，2003 年 7 月，頁 156。

連天,每逢演出,都要熬夜趕寫劇本不可。日本當局當時雖然風聲
鶴唳認真執行檢審,但這也只是表面上的熱鬧。至於所演的戲,劇
本的編排及內容如何,及演出與劇本,是否一致,他們蓋不過問。
但獨於文化戲,則別蒙青睞,演出與劇本非一致不可。

以往文協成員演出文化劇,或許沒有寫作劇本的習慣,筆者大膽推測此法令
促使謝春木不得不將意念先化為劇本。

謝春木與這位不屬於文協系統的無政府主義者張維賢亦有往來,兩人很
可能在「孤魂聯盟」後期逐漸與工運結合而結識。張維賢曾為學新劇,兩度
赴日求學,1928 年當孤魂聯盟被迫解散,他前往日本東京左翼劇團「築地小
劇場」進修一年多,於 1930 年夏天返臺〔註38〕。據張維賢〈我的演劇回憶〉
〔註39〕指出:

民國十九年夏,自日本回臺後,即成立民烽演劇研究所,逾限在南
京西路之蓬萊閣附近。公開招募研究生,聘請了:
連雅堂先生擔任 臺灣語研究
謝春木先生擔任 文學概論
黃天海先生擔任 演劇概論
吉宗一馬先生擔任 音樂
楊佐三郎先生擔任 繪畫

此能說明謝春木在 1920 年代對新劇運動的努力。民烽演劇研究所於是年 4 月
12 日發表對外宣言:「無論是過去或現在的生活,我們遭遇了太多太多的逆境
和強權的欺凌蹂躪以及侮蔑,以致被壓制得喘不過氣來。但是我們不能因之
屈服,而且要不斷努力,突破困境,奮戰不懈……藝術的目的,即是在教育
群眾以正確的觀念,來糾正人類無窮的慾望;並暗示群眾協力迎接一個嶄新
的秩序之來到,而得改變傳統陋習〔註40〕。」回顧謝春木所創作的劇本,其
內容正吻合宣言之大意。研究所內講師黃天海,其妻月里(姓氏不詳)亦是

〔註38〕 另一次是 1932 年再度赴日,半年後回臺,召集學生,重新授課。邱坤良:《舊
劇與新劇:日治時期臺灣戲劇之研究(1985~1945)》,臺北:自立晚報,1994
年 7 月,頁 319。
〔註39〕 張維賢:〈我的演劇回憶〉,《臺北文物》第 3 卷第 2 期,1954 年 8 月。曾顯章,
《張維賢》一書收入於附錄,臺北:北藝大,2003 年 7 月,頁 159。
〔註40〕 曾顯章:《張維賢》,臺北:北藝大,2003 年 7 月,頁 78。

投身農工運動的新女性〔註41〕，黃天海曾於 1927 年在宜蘭創設「民烽劇團」，其妻，從此可知宜蘭新劇傳播興盛，該地民眾對新劇的接受度不低，且宜蘭又是蔣渭水的故鄉，謝春木創作劇本時，說不定有意識地欲寫一齣宜蘭相關的新劇劇本，欲來日應用於演講會等宣傳活動。

三、一齣新劇的完成：劇本分析

　　謝春木的這篇劇本，其第一幕場景設於蘭陽地方，時間是昭和三年（1928）秋，借三個鋸木工的對話，引出最漂亮的成材扁柏將運往東京，但庶民生活所需要的柴薪卻已不能從後山上撿拾，兩相對比，張力自顯。第二幕場景設於港口基隆，時間是昭和三年（1928）冬，一秋一冬，顯示蘭陽的木材已經運到港口，準備出海。這幕戲分兩頭，以驛夫二人的對話顯示，運送來的扁柏全是直木紋的高極板木，數量高達四百四十石，需要二十一臺貨車載送，是某位官員的私用柏木；另一端則是苦力搬運板木的對話，顯示苦力的父親因撿拾柴禾被狀告為竊取國家財產的小偷，全家生活陷入困境。這兩幕戲劇的連貫線索是運走四百四十四石珍貴扁柏的日本官員，與三、四十名撿拾柴禾被關的臺灣平民百姓；兩幕劇文一直以對比性形成張力，維繫住控訴的力勁，顯然是一篇傑出的短劇〔註42〕。以下筆者將從時空、人物與主題，三個方向來分析此劇：

（一）時空背景的安排：蘭陽地方與基隆

　　劇本第一幕的時空背景是昭和三年（1928 年）的蘭陽地區，係因日據時期臺灣三大伐木區之一——「太平山作業地」。關於「太平山作業地」的開發，據《殖產方略》整理如下：大正 3 年（1914 年），殖產局派員勘查宜蘭濁水溪（蘭陽溪）兩岸天然森林，大正 4 年（1915 年）著手開發。當時林場位於宜蘭濁水溪（蘭陽溪）上游兩側，橫跨臺北州羅東郡、蘇澳郡及新竹州竹東郡、大溪郡等二州四郡，面積達 55000 公頃。為管理而在當地設立太平山出張所。大正 14 年（1924 年）宜蘭縣鐵路全線通車，太平山鐵路也於是年通車，昭和元年（1926 年），太平山出張所改稱為派出所，隸屬於羅東派出所，是年成立

〔註41〕　許陽明：《媽媽的乳房》，臺北：圓神，2009 年 8 月，頁 101～105。
〔註42〕　參見附錄四〈政治家は國を我物と思ふ〉中譯文」。引自謝南光著，郭平坦校訂：《謝南光著作選（上）》，臺北：海峽學術，1999 年 2 月，頁 97。

宜蘭農林學校〔註43〕。有嚴格控管資源的行政機關、培養專業開發人員的農林學校、又有鐵路、濁水溪等運輸工具，想必1928年總督府與日資正如火如荼地開發太平山林業地。

劇中貫串兩幕的「扁柏」，在太平山森林中與紅檜一同分布在海拔1800～2000公尺處〔註44〕，則為優良的扁柏與紅檜純林。據初開發時的調查，其總蓄積約達1400萬立方公尺。且人工造林的面積，在1918～1945年間累積為2537公頃，多為扁柏、柳杉與杉木等〔註45〕。可見「扁柏」產量於宜蘭太平山林地之多，更看出謝春木在創作這篇劇本時，十分講究地如實寫出臺灣山林資源的命運。

然而劇本所設定的時間1928年秋天，至劇本發表的時間1929年9月，蘭陽地方或基隆，有無相類似的社會運動發生？1929年4月16日，日共再度受到第二度檢舉，此即所謂的「四‧一六事件」，蘇新與蕭來福安然潛回臺灣。這時蘇蕭二人與謝雪紅於臺北的國際書局會晤。蘇新報告東京負責人陳來旺的指示，必須在工友會協助會的範圍內，積極準備組織赤色工會。隨後，蕭來福立刻加入臺灣農民組合，成為該組織的中央委員；蘇新則被指派參加「臺北州羅東郡太平山總督府營林所」經營的伐木林場。蘇新在宜蘭羅東擔任運材伕，同時也參加羅東木材工友協助會長盧清潭所主持的讀書會。據《臺灣共產黨秘史》的記載說，蘇新「與約八百名勞動者者共起居，為提倡組織赤色工會而極力奔走〔註46〕」。另根據《警察沿革誌》說，他與讀書會會員曹阿夫接近，由他介紹與苦力頭吳火盛認識，然後「開始宣傳煽動，逐漸獲得工會組織的共鳴者，並作成木材工會行動綱領，進而準備工會組織，更著手調查花蓮港平林材木株式會社、營林所八仙山派出所，以及嘉義派出所的情況〔註47〕」。

不久，蘇新感受自己的行動已引起警察課注意，遂於7月13日停止活動。

〔註43〕施淑宜：《殖產方略──臺灣產業開發（1895～1945）》，臺北：臺灣傳承文化，2004年11月，頁151～152。

〔註44〕日治時期太平山海跋750～1500公尺之間，為樟樹、楠木等；1200公尺以上漸見紅檜混生；1800～2000公尺，則為優良的扁柏與紅檜純林。據初開發時的調查，其總蓄積約達1400萬立方公尺。

〔註45〕施淑宜：《殖產方略──臺灣產業開發（1895～1945）》，臺北：臺灣傳承文化，2004年11月，頁152。

〔註46〕黃師樵：《臺灣共產黨秘史》，臺北：海峽學術，1999年9月，頁35。

〔註47〕翁佳音譯註：《臺灣社會運動史：勞工運動、右派運動》，臺北：稻香，1992年2月，頁152～153。

三天後，蘇新突然衝破日警的封鎖線，逃亡基隆，參加蕭來福所進行的礦山工會組織運動。從此，蘇新便在基隆一帶活躍，他負責石底方面的任務，蕭來福則擔任猴硐方面的工作〔註48〕。

蘇新活動的地點，與謝春木劇本中的兩個地點——蘭陽地方與基隆，竟然吻合，不知其中有何關聯？畢竟謝春木當時擔任民眾黨勞農委員會主席，又與蕭來福所參與的臺灣農民組合淵源頗深，會不會因此結識蘇新？戰後初期，謝春木的摯友王白淵與蘇新等人創辦《政經報》，從此交友網絡推敲，謝春木結識蘇新或聽聞蘇新逃亡行動的可能性極大。

（二）人物模型：農工的集體群像

劇中兩幕受壓迫的階級人物，分別是蘭陽的鋸木工與基隆港的苦力，還有貫穿兩幕，隱藏在對話中「三、四十名撿拾柴禾被關的臺灣平民百姓」。無庸置疑隱藏的人物群像，指的就是日本殖民統治下的臺灣農民、百姓之縮影。然而謝春木是否透過具體的事件、模型來寫實地安排場景與刻劃蘭陽的鋸木工或基隆港的苦力？讓我們將焦點轉往，另一處同是日據時期臺灣三大官營伐木區之一——「阿里山作業地」。

《臺灣總督府警察沿革誌》指出：謝春木曾參與 1927 年總督府嘉義營林所製材部與阿里山修理工廠機械工的爭議事件〔註49〕。1927 年 4 月 3 日在文化協會激進派鄭明祿的指導下，總督府嘉義營林所製材部及阿里山修理工廠機械工人成立工友會。工友會成立後亦邀請日本勞農黨顧問律師古屋貞雄在 5 月 20 日來嘉義演講，該處工人得到鼓舞而意氣高昂，又因將蓄木廠工人 14 人解雇而發生該處工人 300 餘人自 29 日發動罷工，但製材部卻以再解雇工人幹部 26 人予以報復。工友會隨即請求文協救援，文協臺中本部王敏川得知便赴嘉義指導。翌日農民組合幹部簡吉、黃石順、陳培初、文協洪石柱，為了旁聽違反森林令事件的公審前來嘉義。

此時謝春木仍以臺灣民報記者的身份趕到，當局認為他們與爭議有關，故發出警告，斥他們立即返家。阿里山修理工廠機械工人也參加罷工，計有工人229 人佔全體工人近七成自動參加罷工，奮箕湖的鐵道工人 44 人也參加罷工。

〔註48〕陳芳明：《左翼臺灣：殖民地政治運動史論》，臺北：麥田，2006 年，頁 136　～137。

〔註49〕翁佳音譯註：《臺灣社會運動史：勞工運動、右派運動》，臺北：稻鄉，1992　年 2 月，頁 125。

爭議團在 6 月 1 日領導工友會在嘉義市進行街頭示威遊行，警方將幹部 24 名拘留。這起事件的經過，1927 年 6 月 12 日《臺灣民報》161 號有記者撰文：

> 記者與三四名的農民組合幹部到嘉義的時候，正私服的警官在驛頭警戒的不下十名，我們一步入嘉義街的時候，我們背後就尾行了數名的刑事，到友人家裏，吃一杯未完，警察課就派人來請吾們，警察課長要求農民組合幹部絕對不可與工人接洽對談及訪問他們的會館，若違此命就要檢束，戒嚴令下的嘉義，實不容易出入了〔註50〕。

這位記者應該就是謝春木，然謝春木或許親身感受林業工人罷工後嘉義的肅殺之氣，以及日本總督府的蠻橫無理，讓他更加同情林業工人，而使他們成爲他首篇劇本中的人物模型。

這篇劇本的完整概念到底源自何處？謝春木在 1930 年出版《臺灣人如是觀》時，曾新作〈所謂的清明政治〉提到：

> 當局不顧大多數居民的生活和國家的利益，將大片森林撥給權利追逐者。爲給某大官營造私邸，大量木柴在鐵路的免費運載下，朝著東京駛去〔註51〕。

這段話與此篇劇本的內容幾乎不差，可見是謝春木不滿當時林野土地政策的不滿而產生的作品。這篇評論係批評濱口內閣成立之初，向國民高喊「施明政」的口號，也就是說要「實行清明的政治」，即一，亮明政治家的行蹤，不幹秘密勾當；二，使廣大國民的生活擺脫痛苦悲慘，使他們擁有春光明媚的生活。但身爲《臺灣民報》的記者謝春木卻觀察到，御用報紙連篇謳歌讚美與「清明政治」理想相反的「乾親政治」——乾兒和追逐權利者聚如螞蟻。如此政經條件底下，剝削臺灣百姓的土地權利，甚至無家可歸：

> 到頭來，農民撒盡血汗開墾出的土地——雖被稱之爲擅自開墾，卻又收取官租的土地——被官府以私自開墾爲由沒收，又分給權利追逐者，而數萬農民卻流落街頭，生活無著〔註52〕。

在實行「乾親政治」之時，警察便是他們的走狗。對照謝春木 1929 年 11 月

〔註50〕〈官營的工場易惹起罷工風潮〉，《臺灣民報》第 161 號，1927 年 6 月 12 日，第 8 版。

〔註51〕謝南光著，郭平坦校訂：《謝南光著作選（上）》，臺北：海峽學術，1999 年 2 月，頁 97。

〔註52〕謝南光著，郭平坦校訂：《謝南光著作選（上）》，臺北：海峽學術，1999 年 2 月，頁 97。

17 日〈警官的素質問題——如何看待實情〉〔註 53〕所言,從內地招募來的警察中,混有數名素質不良者,如在任南投廳時代的巡查時,毆打本島人巡查致重傷,此人曾是因毆打某科長而被免職的惡棍,也有如在某郵局上班時冒領他人錢物被發覺。總之警察所內良莠不齊,龍蛇雜處,還會煽動新來臺灣一張白紙似的內地人,虐待所內的本島人。倘若警察所內都有內地、本島人之別,在值勤時對待臺灣百姓的態度也就可想而知。

(三)創作主題:謝春木的土地思索

此劇的劇目「政治家は國を我物と思」,即開宗明義告示諸公作者的創作主題。劇中的扁柏並不是「公共建設」的建材,而是為「XX 閣下的私用柏木」,作為造屋的建材。在第二幕最後又有這段對話:

> 苦力甲:俺們好可憐!再也不願生出來做苦力了。
>
> 苦力乙:沒有辦法啦。
>
> 苦力丙:還是當官好。
>
> 苦力甲:有地位。
>
> 苦力乙:**一當大官國家好像就變成自己的了。真是了不得!**

從「苦力乙」最後那句話正呼應劇目,即是諷刺日本總督官員們常有的思考邏輯——「國有財產即我家財產」,至於後面的副標應該是謝春木想藉機宣告讀者或觀眾:「不信者請翻開古書」。然而當我們真的去翻開古書,就會知道「國有財產『並非』官員私有財產」,又或者是暗示「山林此類的國有材產為平民百姓的大眾財產」的時代已逝,成為「古書」的一部份。

事實上便是如此。1895 年總督府馬上公佈〈官有林野取締規則〉,該規則:「凡無所有權證件或足夠証明所有權的買賣契約的山林土地,一律收歸官有〔註 54〕。」而依據滿清據臺時期,臺灣山林從未丈置賦課,對山林業主權未曾掣發地契之物,而僅以口頭約定而已。日本將現代性的「土地所有權狀」觀念帶進臺灣,但其實只是為了滿足殖民剝削的貪欲〔註 55〕。自此大部份的

〔註 53〕謝南光著,郭平坦校訂:《謝南光著作選(上)》,臺北:海峽學術,1999 年 2 月,頁 133～134。

〔註 54〕矢內原忠雄著,周憲文譯:《日本帝國主義下的臺灣》,臺北:海峽學術,2002 年 1 月,頁 19。

〔註 55〕此後還頒布《官有森林原野及產物特別處分令》、《官有森林原野貸渡規則》和《官有森林原野產物賣渡規則》。

臺灣山林土地以無人所有爲藉口而把數百年來眾人公共擁有的臺灣的山林土地一一收歸官有，而後再放領予日本資本家以獨家佔有的方式享用。爾後，日人還對臺灣林野進行兩次大規模的詳細調查，一次在 1925～1935 年之間，一次 1938 年以後直到戰後，詳細區分公、私有林野土地，讓臺灣原始森林資源，成爲總督府與日資的囊中物。

　　日人對臺的地籍調查先於戶籍調查，早在 1898 年 9 月 1 日公佈「臨時臺灣土地調查局」官制，當時各地義民武裝抗日活動頻繁，其竟毅然著手調查，可見土地調查事業之於臺灣統治何其重要。矢內原忠雄《帝國主義下臺灣》：土地調查的效果可以明瞭地理地形對治安上的裨益是其一。整理隱田，得以消滅自清代以來的大租權，以便增徵地租是其二。土地權利關係明確，使土地交易安全是其三〔註56〕。因此能引誘日本資本家對臺土地投資與企業設立獲得安全與保障，如此總督府與日資自然成爲征服臺灣的一丘之貉。

　　1925 年起臺灣島內農民運動日益激進，農民與日本資本家的衝突時有所聞。謝春木的親友於二林事件時身陷囹圄，自然啓發他日後對「土地」議題的敏感度。1927 年 8 月 7 日謝春木即在《臺灣民報》指出他所觀察到的幾點土地問題，提到：「指使警察隊，成立臨時登記處，威脅強迫無知的農民出售他們的土地。……生活陷入困境的有臺灣蔗農、茶農及竹林問題的人們。〔註57〕」從此可見他對土地與農民的關心，已從自己的家鄉二林，向外地擴展。

　　文中他繼續談到：

　　　　街莊基本財產問題又如何？在廖氏擔任豐原街街長時，應屬街莊的基本財產的内定土地，今天居然成了現街長某兄的私有，這是違法問題。……臺灣州嘉義郡的小梅、竹崎祖先傳下來的土地，也不知何時變成國有竹林、保管竹林。最近據說解除保管林，内定爲莊的基本財產。與此相關的一千多戶農民，組織農民組合，要對抗到底。此問題，必須承認農民的意見是合理的。街、莊費不足，依照土地的甲數按比例適當徵收，沒有不服從的，而反對製造剝削階級的主張是正當的。若不實行完全的自治，所謂的基本財產問題，大概除

〔註56〕矢內原忠雄著，周憲文譯：《日本帝國主義下的臺灣》，臺北：海峽學術，2002年 1 月，頁 18。

〔註57〕謝南光著，郭平坦校訂：《謝南光著作選（上）》，臺北：海峽學術，1999 年 2月，頁 82。

了「御用島紳」的餌食外，什麼都不是〔註58〕。

探討「國有」與「私有」問題，可見為官者很容易有「國有財產即我家財產」、「國庫通家庫」的邏輯概念，更諷刺的是，這些所謂的「國有財產」是從耕作者、部落者處，強制徵收或沒收而來，爾後又在轉賣或承租給資本家，以致耕作者、部落者淪為雇傭階級。

這段時間，謝春木對總督府土地政策的批評，還有「退官者承購土地的糾紛」。葉榮鐘描述伊澤多喜男總督在 1924 年 9 月到任前，曾於東京《朝日新聞》發表治臺抱負，卻被在臺日人曲解為祖護臺人排斥日人，緣此不得不委屈採取賄和政策。1925 年起至 1926 年為止，發售 2886 甲餘的土地給 370 退官者，不過承購的土地不得典當賣與他人。表面上理由是使退官者能夠長久留住臺灣起見特別優遇，使他們有恆心為臺服務，但這不但搶去農民辛苦開墾的土地，後來逐漸排擠掉臺灣人任職公務的機會〔註59〕。

謝春木〈探討土地政策〉指出：

> 把別人開墾的土地，歸入土地臺帳的荒地，以此為藉口，按荒地收走。讓我們看看實際情況，無論赤崁還是大肚，都是河邊的荒蕪地，而且是曾經屬於開墾者所有的土地，如今成問題了。對這些荒蕪地，地方郡守鼓勵民眾說：「這些土地早晚歸你們，你們放心開墾吧。」官方接受了百姓的開墾申請，但又把開墾出來的土地奪走，這不僅是政治道德問題，而且又是關係到官方威信的大問題。而且，這些人在退休時得到很可觀的養老金，其中一些人又有新的職業，……另外，還有這些土地已作為抵押，在五年之內轉讓給他人。不用說，對開墾者不支付一文開墾費，這是嚴重違反政府撥發政策的。……在必要時，政府滿不在乎地踐踏自己制定的法律。以培養永住的內地人為目的的撥發，成了製造中間剝削階級。〔註60〕

這些土地在名目上是稱「官有地」，但實際上是日本人向臺灣地主充公而來，又默許當地農民開墾。總督府發表要把這些土地的主權變更而放領於日本人

〔註58〕謝南光著，郭平坦校訂：《謝南光著作選（上）》，臺北：海峽學術，1999 年 2 月，頁84。

〔註59〕葉榮鐘：《日據下臺灣政治社會運動史（下）》，臺中：晨星，2008 年 8 月，頁 586～587。

〔註60〕謝南光著，郭平坦校訂：《謝南光著作選（上）》，臺北：海峽學術，1999 年 2 月，頁83～84。

所有，農民為了要保衛自己的生活不得不起來抗爭。這些社會情況無疑刺激謝春木的土地思想高漲。1927 年臺灣文化協會左、右分裂後，3 月臺灣第一個工人組織，由連溫卿組織的「臺灣機械工會」，此後促成 1928 年全島工友總聯盟的誕生，而農民運動方面，1926 年「臺灣農民組合」誕生，謝春木的身影不時出現在這些農工運動之中。1928 年 2 月臺灣工友總聯盟的成立，即為民眾黨中傾左的謝春木與蔣渭水的政治實現。1929 年 10 月民眾黨第三次黨大會宣言，強調要與世界無產階級及殖民地民眾加強聯繫。1931 年 1 月第四次黨大會通過無產政黨黨綱，皆可一窺謝春木 1925 年返臺後的階級立場，至於此齣兩幕的新劇，不僅反應時代氛圍，更藉由文學落實謝春木在這段期間的土地思索。

第二節　遊記《新興中國見聞記》分析

一、旅遊動機、路線與遊記發表過程

（一）動機與發表過程

　　1929 年 6 月 2 日開始謝春木在《臺灣民報》上不定期連載〈旅人の眼鏡〉至同年 12 月 1 日共 20 篇遊記形式的報導文學。其間 6 月 16 日至 7 月 7 日則插入連載〈孫總理奉安拜觀記（一）〉共 4 篇。

　　爾後 1930 年出版《臺灣人は斯く觀る》凡例第二說明：

> 第二篇《新興中國見聞記》，第一、第二、第三、第十五章全部在《臺灣民報》上連載過，其餘部分均屬此次新作。不過第二章中的「第十」「第十一」「第十二」「第十三」「第十四」以及第三章的「第七」也屬此次新寫〔註61〕。

即所謂〈第一章 途經日本內地〉、〈第二章 上海篇〉部份、〈第三章 南京篇〉部份與〈第十五章 孫總理奉安參觀記〉已先刊登在《臺灣民報》。根據日本領事館與遊記記錄，謝春木於 5 月上旬前往日本，6 月 18 日歸臺，但謝春木於 6 月 2 日便已發表中國遊記。細究謝春木的中國遊記，恰好粗分為「日本東京地區」、「上海華東地區」與「東北滿州國地區」三大部份，前兩者即遊玩當下的即興所感，而後者則是歸臺沉殿後，在出版《臺灣人は斯く觀る》

〔註61〕謝南光：《謝南光著作選（上）》，臺北：海峽學術，1999 年 2 月，頁 5。

前之作品，其中不時引用書籍史料，頗似研究員般冷靜分析東北滿州國問題，筆調不如前二者活潑輕快。

　　1929 年 8 月 25 日〈旅人の眼鏡（九）〉〔註62〕遭「食割」，隨後謝春木亦直接在 9 月 1 日〈〈旅人の眼鏡（十）〉抱怨：「在前節記述了下屆的總選舉，稍稍展示了日本政局的趨勢。不幸的是被割削並被禁賣，不到達讀者之手〔註63〕」，但《臺灣人は斯く觀る》中仍記錄〈第一章　第五節　下屆總選舉〉，可見當時警察對報紙言論的控管較書籍嚴格，且謝春木出版《臺灣人は斯く觀る》仍未刪減此段文字，隱含著對當時警察檢察制度的不滿。謝春木仍不減他對日本政界的關心：「對觀察家來說，是一個很有意思的課題。關於這一點我想有機會另做詳細記述。像信使般的旅行的紀錄，仍是同以非常快的速度行進相適應〔註64〕」，謝春木以「信使」自許，可知他是極具意識的旅行報導者，遊記中不時擔負介紹中國自然地景與風土民情的任務，且常巧妙地以臺灣人較熟習的日本旅行經驗爲對照組，加深讀者印象。介紹中國旅館制度，並與日本旅館制度比較：

> 在此，我有必要向大家介紹一下這裡的旅館制度。不僅是我，任何臺灣旅行家感到不便的是日本的旅館制度。……在日本，除了小費外，還必須給女傭、搓澡服務員等小費，所以往往要二重三重的負擔。在中國，房租是按每間計算，所以可以自由地選擇自己喜歡的房間，無論你要便宜的，還是要住高級的，沒有一點不舒服的感覺。……中國的旅館與這種圖虛榮相比，倒是實惠一些。唯一頭疼的是廁所缺少漂亮的設備，沒有醫治旅途疲勞的浴室。我想，無論日本的旅館營業者，還是中國的營業者，都有必要相互取長補短〔註65〕。

另外，如將南京秦淮畫舫，比作日本遊船〔註66〕；將無錫比作中國的大阪，並介紹惠山寺〔註67〕；介紹南京都市規劃並以圖示讀者〔註68〕；介紹南京「日

〔註62〕追風：〈旅人の眼鏡（九）〉，《臺灣民報》弟 275 號，1929 年 8 月 25 日，第 11 版。

〔註63〕追風：〈旅人の眼鏡（十）〉，《臺灣民報》弟 275 號，1929 年 9 月 1 日，第 12 版。

〔註64〕追風：〈旅人の眼鏡（十）〉，《臺灣民報》弟 275 號，1929 年 9 月 1 日，第 12 版。

〔註65〕謝南光：《謝南光著作選（上）》，臺北：海峽學術，1999 年 2 月，頁 192。

〔註66〕謝南光：《謝南光著作選（上）》，臺北：海峽學術，1999 年 2 月，頁 194。

〔註67〕謝南光：《謝南光著作選（上）》，臺北：海峽學術，1999 年 2 月，頁 200～202。

語熱」，此節雖是南京遊記，但卻是歸臺補作，內容羅列中國翻譯的日文書刊，認為中國的日本留學生多，且風俗習慣相近，可作為中國改革的借鑑，最後添一筆趣聞：國語學校學長游柏在南京開日語補習班，招收學生按月減少，原因係中國人自以為日語多漢字比英、德、法語容易學，但後來紛紛放棄〔註69〕，因此無論是旅途中的隨筆，抑或歸家後的沉澱之作，都透露出謝春木報導「中國」給臺灣人的強烈企圖心。

謝春木此行的動機，主要是參加孫文的奉安祭，因此他詳細的記載參觀孫文從迎櫬到奉安的過程，並提出以「孫文教」來媲美「孔教」來看待葬禮的排場，便不感鋪張浩大〔註70〕。然從他長途的旅程看來，實為踏察這片傳聞中「新興」的祖國，以及日本在華勢力。不過最單純的動機，在遊記一開始便道：

> 想去海外的心願，近三、四年來始終在我心中縈繞。雖說是短暫的
> 旅行，但臨近出發的日子，仍應做完剩下的工作，諸如我不在家中
> 的糧食準備、收拾行李、買禮物等，胡亂忙個不停。從另一方面看，
> 因為我好久沒有出去旅行，不能迅速地準備妥當。不能像學生時代
> 那樣早晨想到去旅遊，中午便出發了。其原因之一，是因為有了家
> 庭〔註71〕。

距謝春木自東京返鄉已三、四年光陰，期間臺灣文化協會分裂、舊幹部組織臺灣民眾黨，與自己新婚等，使其無法一償宿願。在遊記末其言：「倘若時間和旅費充足的話，我想下次遍遊華南和南洋〔註72〕」，足見這趟旅行勾起他對中國更大的好奇心，也對相當關心多數華僑居住的南洋地區。

與連橫與洪棄生不同，謝春木先前並無踏足中國大陸土地的經驗〔註

〔註68〕 追風：〈旅人の眼鏡（十九）〉，《臺灣民報》第288號，1929年11月24日，第11版。附有南京都市規劃圖；謝南光：《謝南光著作選（上）》，臺北：海峽學術，1999年2月，頁195～196。未刊。

〔註69〕 謝南光：《謝南光著作選（上）》，臺北：海峽學術，1999年2月，頁198～199。

〔註70〕 謝南光：《謝南光著作選（上）》，臺北：海峽學術，1999年2月，頁267～276。

〔註71〕 謝南光：《謝南光著作選（上）》，臺北：海峽學術，1999年2月，頁151。

〔註72〕 謝南光：《謝南光著作選（上）》，臺北：海峽學術，1999年2月，頁266。

〔註73〕 連橫與洪棄生的生存年代跨越清日，連橫有「終老祖國」之志，晚年更攜眷定居上海，一償「回歸」之宿願，1912年的大陸之行開展前，連橫已數度進出上海、福州及廈門……等地；洪棄生在1922年的大陸之行前，洪棄生已有4次至福州參加舉人鄉試的經驗，考試結束後，雖也曾順道遊覽，卻因考試壓力的存在而無法盡興，與晚年專程出遊的心境有著極大的差異，晚年這趟旅

73〕。謝春木與其後輩吳濁流情況相似，皆爲第一次走訪大陸，但吳濁流係以長期旅居南京與上海的形式觀察當地，而謝春木則是旅遊的形式來體驗華東與東北地區。

關於連橫、洪棄生與吳濁流三人，前往中國大陸的動機與目的，研究者陳室如認爲連橫與洪棄生相似，在飽讀中國經典之餘，能透過實地體驗，與書中的山水人物作一印證；吳濁流則是因爲 1940 年秋天所發生的馬武督小學事件，而促成大陸之行的實踐。筆者此三位作者與謝春木皆有相似的家庭成長背景，即「漢學傳家」。連橫與洪棄生的漢學基礎，自然無須贅述，反而是接受臺灣殖民新式教育的謝春木與吳濁流，在尚未進入公學校就讀前，都有私塾經驗〔註 74〕，這奠基了他們深厚的漢學根柢，也讓他們在潛意識中，不知不覺的認同那文化的母國。

（二）路線與交往人物

謝春木這趟旅行一直被日本警察監視〔註 75〕，根據日本領事館警察跟監謝春木的記錄：王鐘麟搭乘上海丸，於 5 月 27 日抵上海當地，並投宿南京路東亞旅社；30 日謝春木、王鍾麟偕「陳某」，前往南京，下榻東南飯店。一位福建省人稱：「31 日有位中國國民黨中央黨部來訪臺灣民眾黨幹部，請民眾黨幹部只須提供一對花輪，並拒絕其親謁奉安祭。6 月 1 日早上三人仍由南京出發奉安，當天歸來拜訪臺灣籍民蘇樵山醫生，爾後王鐘麟繼續滯華東，謝春木於 7 日在上海乘外國船至青島。8 日乘大連丸，10 日著陸大連，乘滿鐵沿線奉天、撫順、長春、哈爾濱視察，18 日乘中國支順大利號至廈門轉歸臺灣〔註 76〕。

根據《新興中國見聞記》的內容，謝春木在南京的導遊人士應是「林君」，也就是「林澄水」，而非「陳某」，另外「林君」是先一步抵南京入住東南飯店，謝春木再至東南飯店與其會合。最後仍可根據遊記，補充以下三段旅遊

　　　行，使他在不同的情境下，得以飽覽風景、真正體驗遊山玩水的樂趣。陳室
　　　如：《近代域外遊記研究：1840～1945》，臺北：文津，2007 年，頁 416。
〔註 74〕陳富容：〈「孤兒」與「原鄉人」——吳濁流與鍾理和的大陸悲歌〉，《育達學
　　　院學報》，第 12 期，2006 年 12 月，頁 4～5。
〔註 75〕經神戶航路轉往上海的船上、抵達上海、抵達大連，皆有被特別盤問。謝南
　　　光：《謝南光著作選（上）》，臺北：海峽學術，1999 年 2 月，頁 152～153、
　　　163、227。
〔註 76〕〈B02031442800・臺湾人關係雜件〉，1927 年 3 月 29 日～1929 年 7 月 1 日。
　　　亞洲歷史資料中心：http://www.jacar.go.jp/，檢索日期：2010 年 6 月 4 日。

路線細節：5 月上旬謝春木抵達東京〔註77〕，5 月底才乘船轉往上海。6 月 2 ～6 日，謝春木走訪江南名勝，無錫、蘇州與杭州；10～17 日從大連至長春轉車，利用等車時間搭黃包車繞附屬地（以車站爲中心的新興城街），直奔哈爾濱，由楊燧人先生招待伴遊，再搭滿鐵南下長春，視察長春、奉天，深入離車站較遠的商埠與城內華人街，再到撫順煤礦場視察，拜訪滿鐵醫院梁宰醫生，最後由大連出港。

謝春木從日本轉往上海的原因，或許是爲順道拜訪友人，另外一原因，根據陳逸松：「當時日本人去中國大陸不需要護照，臺灣人從臺灣直接過去中國大陸則需要向日本政府請領護照，但假如臺灣人先到日本，再由日本到中國大陸，就不需要護照，因爲從臺灣到日本算是『國內旅行』，而上海租界的日本警察也把從日本來的臺灣人看作是日本人〔註78〕。」可惜謝春木的旅程，始終被日警的監視。

約莫一個半月的旅程中，謝春木與許多人物有所來往。筆者將《新興中國見聞記》所提到有具體交往描述的人物，整理爲附表三「謝春木《新興中國見聞記》所記交往人物列表」。

交往人物可分三類：第一、導遊友人，幫助謝春木熟悉當地風土民情。如林澄水是華東地區導遊，領他體驗上海租界的繁榮與罪惡〔註79〕，並體驗謝春木慕名已久的南京與江南的漢文化〔註80〕，如哈爾濱導遊楊燧人領他品嚐俄羅斯菜〔註81〕、如撫順導遊梁宰則是領他參觀煤礦場，並講述有趣的「馬賊」見聞〔註82〕；第二、偶遇人物，激發謝春木更多樣化的思考，如在東京偶遇 H 律師時大談舞廳與監獄皆是資本主義的產物〔註83〕，如參加林澄水的飯局邂逅（前）山東法院院長，讓謝春木思索蔣、馮關係與濟南事件。〔註84〕

　　爲弄清這一奇怪人物，我的興趣反而更濃。他爲什麼只穿一件衣服
　　逃來上海？誰也不會忘記，當時正是蔣、馮關係最緊張的一九二九

〔註77〕謝南光：《謝南光著作選（上）》，臺北：海峽學術，1999 年 2 月，頁 157。
〔註78〕陳逸松：《陳逸松回憶錄》，臺北：前衛，1994 年，頁 131～132。
〔註79〕謝南光：《謝南光著作選（上）》，臺北：海峽學術，1999 年 2 月，頁 160～188。
〔註80〕謝南光：《謝南光著作選（上）》，臺北：海峽學術，1999 年 2 月，頁 189～219。
〔註81〕謝南光：《謝南光著作選（上）》，臺北：海峽學術，1999 年 2 月，頁 241。
〔註82〕謝南光：《謝南光著作選（上）》，臺北：海峽學術，1999 年 2 月，頁 250～254。
〔註83〕謝南光：《謝南光著作選（上）》，臺北：海峽學術，1999 年 2 月，頁 156。
〔註84〕謝南光：《謝南光著作選（上）》，臺北：海峽學術，1999 年 2 月，頁 184。

年五月十九日。他是在馮系驍將鹿鍾麟、外交次長唐悦良逃來上海
之後來上海的，這本身也是解開我對疑問的關鍵。山東省解決濟南
事件後，馮系的孫良誠將軍理應成爲省主席，然而省主席的位子最
終被蔣系的陳調元搶走。時局之緊張，令人記憶猶新。陳調元受到
山東引渡後，國民黨的該地下級黨部開始動搖，血氣方剛的青年黨
員高呼「打倒蔣介石歡迎汪兆銘」的新口號。所謂的「改組派」異
常活躍，不用說陳調元對「改組派」的鎮壓也更加殘酷。我們這位
年輕的法院院長就是如此逃來上海的。

從此可見謝春木機靈與對中國政治狀況的熟悉度，而此偶遇可能亦增添他對
山東、東北的好奇心，使其參觀奉安祭與遊覽江南後，轉往踏察青島、滿州
國；第三類爲採訪人物，如青島總領事藤田榮介與奉天總領事林久治郎，訪
問犀利，直問陳調元與孫良誠的山東交接之爭，與張學良等東北問題，更請
求參觀紡織廠，最後都碰軟釘子〔註85〕。爲了能順利拜訪早想訪問的人物，
必須在臺時請人寫介紹信，爲了拜訪奉天領事林久治郎，謝春木請姊夫寫信，
而爲了拜訪慕名已久的南京蘇樵山醫生，謝春木請《臺灣新民報》專務羅萬
陣寫信，並重述蘇樵山當年與蔣渭水等人募款援助孫文的義行〔註86〕。也有
事先忽略而未寫介紹信，如在杭州謝春木不看博覽會而選擇參觀革命紀念
館，但因缺介紹信，故無法參觀只有國民黨黨員才能看的密室頁，「未能參觀
這一密室，是這次旅行中的一大憾事。再沒有像這時候感到信使一樣的旅行
是很遺憾的〔註87〕」。

二、現實／再現：信使的觀察記錄

（一）繁榮與墮落：東京、租界與附屬地

　　謝春木對資本主義的嫌惡，躍然紙上。東京阪神與阪急兩電鐵公司，在
終點站建百貨商場，幾乎壟斷所有商業活動，相反地，對八幡市無產黨的勝
利，難掩喜悅之情，即可以見其政治理想與立場。不過對於上海租界，謝春
木似乎較客觀地批評與期許。

　　謝春木忐忑不安地等待友人林澄水的接應：

〔註85〕謝南光：《謝南光著作選（上）》，臺北：海峽學術，1999 年 2 月，頁 263～265。
〔註86〕謝南光：《謝南光著作選（上）》，臺北：海峽學術，1999 年 2 月，頁 196～198。
〔註87〕謝南光：《謝南光著作選（上）》，臺北：海峽學術，1999 年 2 月，頁 214～215。

> 來上海前，我頭腦裡頭裝的有關上海的傳聞，大部份令我不寒而慄。
> 這些傳聞，常常讓我發抖。什麼綁票、扒手、兇惡的車夫、旅館的
> 坑蒙拐騙，總之沒有一樣好東西。而且，我完全人生地不熟，語言
> 不通，作為旅行者，心中更是不安〔註88〕。

文後即刻描述上海租界最繁榮的娼妓文化〔註89〕與印度人〔註90〕，再闢兩節談「租界」。租界是軍閥亡命時最好的避難所，綁匪多、賭場、賽犬與四馬路，在謝春木看來，舞廳亦與東京舞廳「不同」：

> 東京人迷戀於跳舞，前已所述。上海也不愧是跳舞的發源地，舞廳
> 氾濫。光日本經營的也不下五家。原來大阪的舞廳被不懂風趣的警
> 務部長逐出大阪，一部份專以跳舞為生的人流到東京，一部份則漂
> 流到上海。上海的舞場大多數是從劇場、電影院散場後的十二點到
> 黎明最為熱鬧。東京與此不同，從六時到十一時，一過十一時哪怕
> 再耽擱一分鐘，立即會受到指責。而上海完全是另一番景象，十二
> 點以後，舞廳才逐漸爆滿，顯出玩樂場所的本色。

下文直言上海舞廳即是高檔的賣淫場所。謝春木也說：「揭露租界的罪惡，其實不是我的目的〔註91〕」，一直以來上海租界的繁榮與墮落，已是讀者耳熟能詳的消息，謝春木在此提出新的看法：租界給予中國文化的一點貢獻，帶來英、法、日與美等各國文明，是各國文明的展覽館，又是全國交通樞紐，從而影響全中國，也影響臺灣。「日本內地人的流行，受東京支配，而我們臺灣，則被上海所影響〔註92〕」，此話係謝春木的漢族立場而發言，事實上當時臺灣同時被東京與上海影響，為上海與東京兩地相互影響的三角關係。謝春木洞悉 1929 年上海租界許多問題，預言：「日本人的『越界造路』的違約問題、上海築城防守同收回租界、廢除不平等條約的運動之間，大有可能在不遠的將來上演幾多悲喜劇〔註93〕」，的確在 1931 年北四川路便爆發「日華一二八淞滬會戰」。

　　東北滿州國的附屬地是滿鐵沿線大站，以車站為中心所發展出的新興城

〔註88〕謝南光：《謝南光著作選（上）》，臺北：海峽學術，1999 年 2 月，頁 164。
〔註89〕謝南光：《謝南光著作選（上）》，臺北：海峽學術，1999 年 2 月，頁 164～165。
〔註90〕謝南光：《謝南光著作選（上）》，臺北：海峽學術，1999 年 2 月，頁 166。
〔註91〕謝南光：《謝南光著作選（上）》，臺北：海峽學術，1999 年 2 月，頁 168。
〔註92〕謝南光：《謝南光著作選（上）》，臺北：海峽學術，1999 年 2 月，頁 169。
〔註93〕謝南光：《謝南光著作選（上）》，臺北：海峽學術，1999 年 2 月，頁 172。

鎮，勢必沒有上海租界地繁華，但從謝春木將附屬地與舊城華人街的地景風貌對比，讀者對附屬地便有更深刻的認識：

> 華人街位於離附屬地——商埠很遠的地方。商埠街道整潔，道路平坦，商店也很氣派。與這裡的近代化相反，舊城市的華人街狹窄擁擠，道路凹凸不平，塵土飛揚，也許是雨後，有行進在泥田上的感覺。如果說附屬地是天堂，那麼這裡就是地獄。也許是由於街道太窄，看上去人來人往，擁擠不堪，商店也很興隆。街道每棟房子前放著很大的木桶，最初以為是日本的代用垃笈箱，其實不然，後來才明白是為貯存雨水做飲用水的水桶。滿州沒有優質水，奉天也是如此〔註94〕。

謝春木到訪南京時亦感：飲用水不足、路燈昏暗與道路塵土飛揚等痛苦。臺灣不乏飲用水，且日本殖民統治者在劉銘傳的建設基礎上，使現代化的自來水、路燈與鐵路等設施，逐漸深入臺灣民眾的生活〔註95〕。

大連港與滿鐵的轉乘頗便利，可見兩者在滿洲國的重要性。滿鐵遍布東北各地，大連港同時可發出三艘船隻，日本聯絡線、大連上海線、大連高雄線的汽船均在此連接。要進入滿州腹地，亦可自青島走鐵路通過安奉線、平奉線，但皆不及大連港便利〔註96〕。伴隨滿鐵而生的附屬地，其實亦是日本計畫性的移民政策之一，根據謝春木調查資料〔註97〕，如下：（1927年末）

地域	中國人（人）	日本人（人）	外國人（人）	合計
城內	273,220	780		274,000
商埠	36,000	3,000		
附屬地	15,091	18,765	1,007	

〔註94〕 謝南光：《謝南光著作選（上）》，臺北：海峽學術，1999年2月，頁242。
〔註95〕 1896年8月，臺灣總督府特別聘請英國人威廉巴爾頓（William K. Burton）來臺，並派遣總督府技師濱野彌四郎協助，進行全臺衛生工程及臺北自來水建設之調查工作。1907年，依巴爾頓先生之建議，在公館觀音山腳下新店溪畔建取水口，以引取原水；在觀音山麓設淨水場，進行淨水處理，再將處理過之清水，以抽水機抽送至觀音山上之配水池，藉由重力方式自然流下，供應住戶日常用水。1908年取水口、唧筒室建築與設備裝置先行完成，1909年輸配水管、淨水場及配水池全面完工，淨水場開始供水，出水量20,000噸，用水人口十二萬人，並命名為臺北水源地慢濾場，從此臺北自來水開始邁入現代化之供水系統。自來水園區：http://waterpark.twd.gov.tw/museum/museum.htm，檢索日期：2010年5月12日。
〔註96〕 謝南光：《謝南光著作選（上）》，臺北：海峽學術，1999年2月，頁227～229。
〔註97〕 謝南光：《謝南光著作選（上）》，臺北：海峽學術，1999年2月，頁247。

滿州國的日本移民，夾帶著日本政府的力量，與在臺內地人差不多，都是有公職，有軍隊，有經濟能力，並且壟斷當地重要經濟命脈的一群人，在臺灣是利用土地山林政策，在滿州國則是利用鐵路。

（二）底層眾相：罷工、移民潮與臺灣籍民

謝春木是極具自我意識的旅行者，許多行程都已事前規畫，且皆有其道理。他特別參訪各地紡織民生工業，他說：「日本對華投資事業中，除滿鐵外，紡織工業位居第一。不暸解紡織工廠，沒有資格談論日華問題」。為了實地走訪，謝春木動用人脈關係，透過《讀賣新聞》的上海特派員川崎認識船津辰一郎，才能參訪上海紗廠的新工廠〔註98〕；在無錫，透過中國儲蓄銀行無錫支行長華先生囑託其三子，才使其如願參觀當地紡織廠、麵粉廠、蠶絲廠〔註99〕；在撫順，透過梁宰醫生參觀煤礦場〔註100〕。參訪過程中，有助於謝春木對中國民生工業的認識：各國列強在華經營獲利的原因，即免關稅、利用中國原物料與人力，而中國當地資本方卻較苦連天，若工資低廉，罷工頻仍，若如無錫給予稍高的工資，資本家又要支援北伐，周轉困難。

滿鐵撫順煤礦的工人多為山東的移民，撫順滿鐵醫院梁宰醫生，平時行醫秉持「殺富濟貧」的原則。某天夜裡，他遇到東北人聞之色變的「馬賊」，沒想到皆是當時煤礦場曾受他照顧的工人，後來失業淪落為「馬賊」，在知道是梁醫生身份後，立刻護送他回城。他說：「滿鐵害怕工人運動，他們像鷹一樣搜索著，無論是國民黨黨員，還是共產黨黨員，還是工會會員，一旦發現，立即驅逐出去。我想人世間的最強者，莫過於在危急關頭什麼都不要、沒有貪心的人才是強者〔註101〕」，可見殖民資本主義壓榨工人，亦同時害怕工人運動，滿州國工人的命運與當時臺灣農工命運相似。

不過，若是在相對開放「半殖民」地區──上海、南京等華東地區，工農大眾仍是有爭取權益的空間，謝春木注意到，國民政府容共時，農工大眾的力量顯著增大，而北伐勝利後的「清共」政策，即向資本主義投降，若要贏得多數民心，他建議國民政府的掌權者，應將注意力放到農工大眾的動向。另外，中國青年的就業機會，大於臺灣青年許多，「除了天子腳下的南京，大

〔註98〕謝南光：《謝南光著作選（上）》，臺北：海峽學術，1999 年 2 月，頁 172～173。
〔註99〕謝南光：《謝南光著作選（上）》，臺北：海峽學術，1999 年 2 月，頁 200～201。
〔註100〕謝南光：《謝南光著作選（上）》，臺北：海峽學術，1999 年 2 月，頁 248～254。
〔註101〕謝南光：《謝南光著作選（上）》，臺北：海峽學術，1999 年 2 月，頁 254。

多數地方是年輕人的天下」，亦因此「有志氣的臺灣青年紛紛跑到大陸」〔註
102〕，從此可見謝春木對在中國謀職的信心，此與他日後出走中國，亦有部分
關聯才是。有不少在滿州國發跡的臺灣人，謝春木介紹者多爲醫生，但與臺
灣一衣帶水的廈門，當地人對「臺灣籍民」的風評不佳，細究原因，多爲買
賣時交惡所致〔註103〕。

（三）即興所感：自然地景與腐敗時政

　　謝春木雖是極具意識地安排這段旅程，但是旅程中難免有即興之感。華
東地區的天氣、地景與人文，在出發前多有聽聞，但滿州國境內，特別是高
緯度的哈爾濱，對臺灣人來說，格外陌生。

　　晚上九點，火車駛往哈爾濱的路途中，太陽還沒下山，勾起謝春木異樣
的情感，「當時正值六月中旬，到下午九時都能看到夕陽，一切的秘密皆因緯
度原因，我頭腦裡漸漸地浮現出古地理知識，所有的不可思議並不奇怪〔註
104〕」，隨後有段文字，筆者認爲是謝春木在本遊記裡，最充滿驚喜與驚慌並
置的異域描述：

> 到哈爾濱首先遇到的事是：並不知道已經到了，那不光是我一個人如
> 此。因爲北滿沒有如此熱鬧的城市，心想該是到了的時辰，堂堂大站
> 自然是哈爾濱，但站名卻用大型浮雕寫著「秦家崗」。還有我看不懂
> 俄羅斯文。我剛想大概是像萬華、品川之類的中不溜站，但馬上明白
> 了就是這個哈爾濱站，曾是安重根幹掉伊藤博文的地方，於是急忙收
> 拾行李出站。到候車室一看，因爲我初來乍到，頭疼的是，什麼是什
> 麼一點也不知道。站內，聖母瑪利亞的像被祭祀在佛龕中。也有不信
> 宗教的工農政府。瑪利亞像前蠟燭輝耀，禮拜不斷。站的房頂上插著
> 高高的旗桿，上面有青天白日旗，下面是紅旗。它們對中俄紛爭不感
> 興趣，只是在北滿燦爛的陽光照射下，翩翩起舞，充滿了生氣。站的
> 前面巍然聳立著俄羅斯式的教堂壁塔。若是去掉那些不協調部分，我
> 會情不自禁地感嘆好一個莊嚴、雄偉、活潑的哈爾濱。站前廣場位於
> 哈爾濱最高的土丘之上。站到這裡眺望，不僅哈爾濱盡收眼底，而且
> 可以看到遙遠的松花江上白帆點點，看到似乎不知過去這雄踞在松花

〔註102〕謝南光：《謝南光著作選（上）》，臺北：海峽學術，1999年2月，頁261～262。
〔註103〕謝南光：《謝南光著作選（上）》，臺北：海峽學術，1999年2月，頁255～256。
〔註104〕謝南光：《謝南光著作選（上）》，臺北：海峽學術，1999年2月，頁239。

江上的大鐵橋，它曾是日俄戰爭時彼此爭奪的對象。旅途的憂愁，被
如此歡悅的哈爾濱的氣氛一掃而空〔註105〕。

哈爾濱是中俄邊境的國際城市，又是滿鐵北端的大站，亦不乏日本人投資的
事業。謝春木在此受楊燧人醫生招待，品嚐「十分單調」的俄羅斯菜，並同
情白俄羅斯人在此地之處境〔註106〕。

在東北旅行途中，常將地景風貌與朝鮮相提並論：「滿州地處寒帶，如果
建築物太大，冬季取暖太費燃料，不划算，只好蓋朝鮮那樣又矮又小的房子，
有煙筒，有利於保暖」、「一般講，人們普遍貧窮，同朝鮮很相似」，此即興聯
想，則與謝春木曾至朝鮮旅遊的經驗有關。

最後，儘管先前謝春木已相當熟悉中國政治狀況，但在旅途中聽到中國
政治醜聞，他仍不客氣地針砭時政：

出身於蔣介石的士官，常常打麻將，不是作為娛樂，而是賭錢。據
當地人講，論軍紀，還是馮玉祥的軍隊好。……據說馮的軍官，征
服北平後，進了城也很忠實地執行任務，而蔣的軍官，很快花天酒
地，沒有寧日。

甚至直言蔣介石與日本的友好關係〔註107〕，此時距離抗日戰爭爆發，還有八年
時間，但從謝春木的觀察與言論，可知他對蔣介石一派，並無好感。在無錫拜
訪中國實業家對於外國貨品免關稅、罷工潮日多，進而影響國貨競爭力的狀況，
相當無奈，謝春木下了一個結論，明顯意味著他當時的政治理想：「未來新中國
若按照國家資本主義建設的話，掌握其實權的是江浙財閥還是廣東財閥？否則
不外乎依靠共產黨的工農政府來建設？我這麼說就明白吧〔註108〕」。

三、我是誰？：身份定位與未來動向

認同的鞏固往往建立於在對於「他者」（other）的建構，而他者的建構又
要透過「差異」（difference）的認知及定義。因此，旅行所見所聞的「他者」
與自我之間異同的反覆辯證，有助於認同的鞏固與建立。不過旅行的動機與
目的是相當具體，而非「與異己對話進而追尋自我」，「自我」的發現，則是
十分妙不可言。

〔註105〕謝南光：《謝南光著作選（上）》，臺北：海峽學術，1999年2月，頁239～240。
〔註106〕謝南光：《謝南光著作選（上）》，臺北：海峽學術，1999年2月，頁241。
〔註107〕謝南光：《謝南光著作選（上）》，臺北：海峽學術，1999年2月，頁263～264。
〔註108〕謝南光：《謝南光著作選（上）》，臺北：海峽學術，1999年2月，頁201。

相對而言，離開「本土」（the familiar）、遠赴「異國」（the foreign）的「旅行」勢必更能追尋「自我」。遠離本土，其實就是遠離生活常軌與固定的行為模式，進而挑戰既有的習慣與思想，並為生命注入新刺激。「異域」／「本土」相對於「本土」／「本土」，應是呈顯二者之間較大的殊異性，當進入異地社會並與其文化接觸時，所要面臨的是未知或不可預見的變數，而人的相應有了無窮的可能性，也就是在這些異同的反覆辯證中，旅者更了解自我，而讀者也更了解旅者的不同面向。

文化人類學（Cultural Anthropology）上有所謂「通過禮儀」（rite of passage），亦稱為「生命儀禮」、「移行儀禮」或者「推移儀禮」。也就是在人的一生中，依社會的特殊文化或習俗，將生命自出生、成年、結婚以至死亡，劃分成若干階段，而在每一階段之間，透過儀式的舉行，賦予身份角色不同的變化及其意義〔註109〕。而這種人生階段的過度象徵，在本質上也正如旅行對人所產生的作用。旅行，其實也就是一種時間與空間的跨越，在過程中／後，所改變的不只是旅者，這種影響也同樣及於原本結構相對穩定的生活環境與習以為常的人事物。「回歸點與出發點在旅行中產生的差異，可以說就是旅行的本質與真義所在〔註110〕」。因此，人與環境的改變，其實乃一體兩面，由於旅者在去與返之間觀照角度不同，出發點與回歸點的意義與變異也因而獲得了彰顯。

日據50年期間，臺灣與中國大陸的關係進入一種糾葛難解的複雜情形。從政治定義上來看，被劃歸為日本統轄範圍內的臺灣，與中國大陸的關聯也被徒然割裂；對中國大陸來說，原附屬於邊陲地帶的臺灣，此時已成為疆界分明的域外之境。然而，從文化淵源與國族想像的抽象層面來看，二者之間卻又非壁壘分明的絕對相對。日據時期臺人大陸遊記中，不時流露認同焦慮：既是中國血統，又是日本殖民地人民的雙重身分的混淆與矛盾，在日據時期有機會前往中國大陸旅行的臺灣人民身上，有著更為清楚的體現歷程：

> 花果飄零者（個人、族裔）當他跨出邊界時，也即一腳踩進了另一
> 個「歷史」，面臨一個新的認同；只是原來邊界的那一邊仍頻頻不斷
> 向他招手，身分的不確定，令他左右為難，進退維谷，他彷彿是個

〔註109〕劉其偉：《文化人類學》，臺北：藝術家，1994年，頁202。
〔註110〕胡錦媛：〈繞著地球跑（上）──當代臺灣旅行文學〉，《幼獅文藝》83卷11期，1996年11月，頁25。

> 「游牧民族」（nomad），他的流動（flux）使其身份難以「定位」
> （fixing），變成了一個去領域的（deterritorialized）的游牧式個體……
> 對游牧的飄零者來說，最大的痛苦莫過於各種不同的認同訴求對他
> 身心（精神與肉體）的穿透〔註111〕。

儘管謝春木生於日本殖民統治時期，但他自幼受漢學薰陶，又加上對日本總督府治臺政策的失望，讓他更加認同自身的「漢族血統」。謝春木初踏六朝古都，又是當時國民政府的首都南京，言：「南京有種感慨和追憶在召喚著我。一踏上這塊土地，一種思念、親切、喜悅的感覺油然而生。何故懷念呢？我們臺灣人的一次大移民是在明末，作為今天的臺灣人，是當時不甘屈從清朝統治的人們佔大部分」。遊太湖時，看到公園的正對面有圖書館，言：「一打聽，原來是明太祖朱元璋討元時的參謀總部的遺址。這一事實比這一建築，更奇異地引起我的興趣，我這才意識到血統魔力的偉大〔註112〕」，遊南京、江南時，除了發思古之幽情，謝春木亦不禁承認內心血緣與文化的認同。

謝春木與好友王白淵皆崇拜印度詩人泰戈爾與政治活動家甘地，因此他在上海看到印度人淪為租界地各國的奴役，言：

> 今日的大多數印度人，來遠東扮演著英美及其他帝國主義國家的忠
> 實門衛和肉牆的角色，再也沒有比民族盛衰榮枯更鮮明的了。我們
> 漢民族也正在跋涉在一條和他們有著共同悲慘命運的道路。若把印
> 度人單個抽出來看，不乏有世界性大人物，中國也同樣。但若從整
> 個民族看時，卻是帝國主義的奴隸。我們臺灣人不是一般的奴隸，
> 而是更悲慘的亡國奴。不用說，對奴隸而言，國家是無所謂的，印
> 度人也一樣〔註113〕。

細究謝春木這段話，謝春木以「我們漢民族」自稱，可見他認同對「漢民族」的血緣與文化認同，而這裡的「我們」指的應該是謝春木自己與此文所發表的刊物《臺灣民報》的讀者，而謝春木更在下文以「我們臺灣人」自稱，至於談到中國的時候，反而像在講述一個「他者」。謝春木的漢民族認同，讓他同情印度人的處境，然更深層的是謝春木意識到自己身為「臺灣人」，將是更悲慘的「亡國奴」。

〔註111〕孟樊：《後現代的政治認同》，臺北：揚智文化，2001年，頁137。
〔註112〕謝南光：《謝南光著作選（上）》，臺北：海峽學術，1999年2月，頁202。
〔註113〕謝南光：《謝南光著作選（上）》，臺北：海峽學術，1999年2月，頁166。

　　這個「既是漢民族又是臺灣人」的自覺意識，反而使他可以從客觀的角度，看待旅途中的不便。遊記最後總結這趟中國之旅，使他最感厭煩處：第一、行李易失竊；第二、不准時的大眾運輸；第三、方言多樣；第四、貨幣零亂，這意味中國多竊盜、沒有時間觀念、不普及的語言教育、軍閥政治以致經濟不穩定等問題，在陳述「中國的缺點」時，更表現其「非中國人」的意識。

　　有趣的是，因爲謝春木有幾年留學日本的經驗，故對日本的政治、經濟與生活等，皆有豐富的體驗，因此在遊記中，他不時對比中、日、臺三地情況，有時卻是較讚賞「日本」。旅途中火車誤點五個小時，言：

> 在中國旅行感到不便的就是速度問題。我們講華語，穿中國服飾，但人們老不相信我們是中國人。其很大的原因之一就是我們的一舉一動。由於這個速度，往往引起中國人與臺灣人之間「我們是中國人，你們是日本人」之類的爭吵不休。我們的速度觀念的確比他們敏感得多。……乘客都下到月臺上，有的散步的，也有的買瓜子及其他食物吃的，但誰都不知道停車的原因，也許是某個地方出故障了，也不去查問，就像對戰爭一樣，愛打就打去，即使聽見機關槍聲，也不慌不忙。環境是可怕的，若是日本，一定怒罵：「爲什麼不走？什麼地方壞了？何時出發？給我退快車票？」〔註114〕

從此看來，謝春木抱怨「我們」（作者與報紙讀者）這種「具有漢民族意識、講華語與穿中國服飾」的「臺灣人」，卻不被「中國人」所接受，不過另一方面也承認「我們臺灣人」的確受到日本殖民現代化的影響，故與「中國人」有所不同。然而謝春木讚許日本生活的現代化，或是承認自己受日本統治與教育下的生活習慣，並不意味著認同自己是個日本人。初抵上海欲攬黃包車，言：

> 習慣於日本生活，又不知那裡學這一些，出於一種虛榮心，預先沒有講好價便上車，我也忘了要預先討價的規則。講好價再乘車，反而有種奇異的感覺，但那實際上是一種有益的好習慣。在臺灣常發生日本內地人乘人力車，因爲事先沒講好價錢，結果到目的地後毆打車夫的惡劣行爲〔註115〕。

謝春木贊同「文明的日本」所帶來的現代化建設，也承認自己受此教育而養

〔註114〕謝南光：《謝南光著作選（上）》，臺北：海峽學術，1999 年 2 月，頁 218～219。
〔註115〕謝南光：《謝南光著作選（上）》，臺北：海峽學術，1999 年 2 月，頁 164。

第五章 結 論

　　本論文以「謝春木及其作品研究」，在前人研究的基礎上，對台灣文學界學界被視爲「新文學奠基者」的謝春木提出更新與深入的詮釋。謝春木因家族捲入二林事件，而後其與臺灣土地問題與農工運動關係密切。1929 年 5 月代表臺灣民眾黨前往南京參加孫文移葬大典，順道旅遊，激盪他內心澎湃的民族情懷。筆者不只仔細閱讀、分析文本之外，尋找更多謝春木的資料，來對謝春木在臺時期的出生背景與與求學過程更深入的了解。另一方面，也嘗試還原謝春木東京留學時期、1931 年赴中抗日時期、戰後赴日擔任中國駐日代表團時期等情況，謝春木交友廣闊且複雜，本文將透過日本領事館報告、國史館館藏軍事委員會報告與時人傳記等珍貴史料，企圖描會並勾勒出謝春木極其活躍的三十年生活，以及他所從事的文學與思想傳播活動。

　　第二章追尋謝春木生平，包括其文化與政治活動歷程。謝春木，筆名「追風」，赴中後化名「謝南光」。1902 年生，彰化芳苑人，卒於 1969 年中國。關於謝春木的生平，其出生日期之說紛雜，而在中國的化名，除了謝南光外，還有「夏南陽」。謝春木自幼家學淵源，因此漢文基礎不錯，而入公學校後認眞勤學，因此日文能力亦佳。他擁有傑出的語言能力，因而成爲《臺灣民報》體系的記者與日文欄主任，重創謝氏家族的二林事件爆發後，謝春木更加留心臺灣的土地問題，因而啓發他的階級與民族意識。1931 年蔣渭水逝世，謝春木不容於日本當局，被迫調往上海，繼續從事新聞文化活動來抗日。他在上海成立「華聯通訊社」，辦《中外論壇》、《時代智識》等雜誌，可怪的是謝春木與日方亦有往來，筆者以爲當時謝氏處在離鄉背井之困境中，且與謝春木往來的日方很可能是日共或左翼分子。二戰期間謝春木的語言能力，使其

得以勝任王芃生所主持「國際問題研究所」之情報員，並深獲王氏信賴，因而於戰後被薦爲「中國駐日代表團」團員。戰後 1946 年謝春木曾短暫返台探親並巡迴演講，巡迴演講時，他重申自己對臺灣設省與民主政治的期盼，從《民報》對謝氏返台之社論與民眾熱烈回響的新聞報導，重現了戰後至二二八事件爆發以前，臺灣人革新陳儀腐敗政府的渴望。

　　第三章探討謝春木跨時與跨地的文化抗日與思想傳播。謝春木留學期間，居住於神田區，此地與當時東京臺灣人抗日運動有著深厚的地緣關係。1922 年 5 月謝春木以筆名「追風」，發表日文小說〈彼女は何處へ〉，1924 年 4 月發表日文新詩組詩〈詩の眞似する〉，而 1923 年至 1926 年以「東京臺灣青年會」名義，組織文化講演團，利用暑假返鄉演講，啓發民智。他從讀者身份、投稿到參與文化啓蒙活動，最後加入《臺灣民報》體系擔任記者，自此展開他的論客生涯。他所關心的社會議題，舉凡教育、政治與經濟皆有論及，而其思想亦隨動盪的時代逐漸轉變。擔任《臺灣民報》日文欄主任期間，多次巧妙運用機智躲避日警的檢查制度，傳播進步思想予讀者。謝春木於 1930 年出版《臺灣人は斯く觀る》，1931 年出版《臺灣人の要求》共兩本時政評論著述集，1930 年 8 月與黃白成枝擔任編輯《洪水》報，這份刊物屢被禁刊。1930 年代赴中抗日後，仍寫作不輟，然捨棄文學的隱喻，在上海擔任《臺灣民報》特派員，又以「華聯通訊社」名義賣給上海各個報刊電訊新聞，並創辦《中外論壇》、《時代智識》等多份刊物，除了針砭時政，更介紹國際情勢予讀者。戰爭爆發後，1930 年代末，謝春木即富前瞻性地書寫中國／臺灣的歷史論述，要求以三民主義來治理臺灣。如謝春木者投身中國抗日活動的臺籍人士，無論他們抗日的初衷是爲了「臺灣回歸祖國」，抑或「臺灣獨立」，他們始終最關心的莫過於家鄉臺灣，畢竟他們遠離家鄉，前往中國抗日，最終都希望期待藉助中國的力量，援助臺灣脫離日本的統治。究竟是國民黨預謀殺謝春木，而逼使他投奔中國共產黨懷抱；或者謝春木早已是中國共產黨的間諜，始終是個難解之謎。但重新探查 1940 年代以降謝氏之評論與其相關新聞報導後，可知謝春木於 1940 年代戰後初期仍關心臺灣，熱愛家鄉，爲臺灣人爭取擁有民主政治的權利，然其對遲遲無法實現「三民主義收復臺灣」的理想，或許才是他選擇轉向「新祖國」認同，投向中國共產黨的主因。最後如同其他臺籍人士般，在 1947 年二二八事件的槍聲中，謝春木對國民政府的最後一絲期盼，終將化爲灰燼。之後謝春木在楊春松的引領下，從日本返回大陸，投身中共政權。

　　第四章詮釋學界鮮少受注意的謝氏文學作品。返台從事實際抗日活動時，謝春木時常接觸日本和臺灣的農工運動的領導者，使其思想逐漸左傾，進而與蔣渭水相互影響，並於 1929 年創作日文新劇劇本〈政治家は國を我物と思ふ〉，不同以往該報刊登的劇本場景，不再是家庭中的客廳、臥室，而是農工大眾受日本殖民壓迫的歷史現場，並藉由人物對話隱喻謝氏自身逐漸深化的土地意識；文化協會第一次分裂後，舊幹部成立臺灣民眾黨，1925 年 5 月第三次黨大會召開前，謝春木經由日本前往大陸旅遊，並代表民眾黨參加孫文改葬南京中山陵的儀式。期間寫下遊記〈新興中國見聞記〉，筆者重新爬梳謝氏之旅遊路線與發表狀況，使謝氏第一次赴中之行蹤更加清晰。遊記內容呈現謝春木這位擁有台日經驗的旅人，首次踏上中國的土地，在面對繁華的上海租界地、充滿漢民族原鄉味的南京與江南，還是滿洲鐵遍布的東北，都能清楚辨析各國所帶來的畸形的資本主義與現代化，並在字裡行間，流露出當時某種典型知識分子的民族與文化認同處境——他是具有漢民族意識，並期待中國可以如日本般現代化的「臺灣人」。

　　如謝春木者，投身中國抗日活動，在戰後有人稱他們為「半山」，他們之中有人在國民黨內平步青雲，有部分成為政治鬥爭的犧牲品，有部分如謝春木選擇投靠中國共產黨，他的政治選擇使得他逐漸被台灣人遺忘。從 1920 年代到 1940 年代，為謝春木最具政治、文學生命力的三十年，他在作家、文化運動家、記者、論客到政治人物等身份不斷置換，卻堅定不改的左翼批判立場與對底層人民始終的關懷，成為某個社會世代裡最典型的知識分子。

附　錄

一、謝春木之作品目錄

編號	發表作品篇目	發表之刊物	時間	備　註
1	小說〈彼女は何處へ〉	臺灣 第3年第4號	1922年 7月	1917 年自二林公學校畢業，進入臺北師範學校，1921 年畢業，進入東京高等師範學校，此篇小說在東京創作。
2	小說〈彼女は何處へ〉	臺灣 第3年第5號	1922年 8月	
3	小說〈彼女は何處へ〉	臺灣 第3年第6號	1922年 9月	
4	小說〈彼女は何處へ〉	臺灣 第3年第7號	1922年 10月	
5	我所了解的人格主義（上）	臺灣 第4年第2號	1923年 2月	
6	前川女學校長の所論を讀む	臺灣 第4年第3號	1923年 3月	
7	我所了解的人格主義（中）	臺灣 第4年第3號	1923年 3月	
8	我所了解的人格主義（下）	臺灣 第4年第4號	1923年 4月	
9	詩〈詩の眞似する〉	臺灣 第5年第1號	1924年 4月	
10	硝子越に見た南朝鮮	臺灣 第5年第2號	1924年 5月	

編號	發表作品篇目	發表之刊物	時間	備　註
11	雜錄：東京留學生夏季回臺講習日記	臺灣民報第 2 卷第 17 號	1924 年9 月 11 日	1923 年 12 月，謝春木被選爲東京臺灣青年會總幹事。1923～26 年利用暑假組織演講團到臺灣各地巡迴講演。
12	雜錄：東京留學生夏季回臺講習日記（續）	臺灣民報第 2 卷第 18 號	1924 年9 月 21 日	
13	雜錄：東京留學生夏季回臺講習日記（三）	臺灣民報第 2 卷第 19 號	1924 年10 月 1 日	
14	共學之內容	臺灣民報第 3 卷第 13 號	1925 年5 月 1 日	
15	歸去來	臺灣民報第 71 號	1925 年9 月 20 日	1925 年 3 月，返臺擔任《臺灣民報》編輯。此作爲返臺心聲。
16	歸去來（其二）	臺灣民報第 75 號	1925 年10 月 18 日	
17	臺灣人的法律生活	臺灣民報第 86 號	1926 年1 月 1 日	
18	學藝：平民常識	臺灣民報第 100 號	1926 年4 月 11 日	
19	學藝：平民常識	臺灣民報第 101 號	1926 年4 月 18 日	
20	學藝：平民常識：臺灣違警例（其一）	臺灣民報第 103 號	1926 年5 月 2 日	
21	學藝：平民常識：臺灣違警例（其二）	臺灣民報第 104 號	1926 年5 月 9 日	
22	學藝：平民常識：臺灣違警例（其三）	臺灣民報第 105 號	1926 年5 月 16 日	
23	學藝：平民常識：臺灣違警例（其四）	臺灣民報第 106 號	1926 年5 月 23 日	
24	學藝：平民常識：臺灣違警例（其五）	臺灣民報第 111 號	1926 年6 月 27 日	
25	雜錄：布施氏講演錄	臺灣民報第 154 號	1927 年4 月 24 日	

編號	發表作品篇目	發表之刊物	時間	備　註
26	雜錄：鐵工罷業的感想	臺灣民報第 157 號	1927 年5 月 15 日	
27	官營的工場易惹起罷工風潮	臺灣民報第 161 號	1927 年6 月 12 日	未屬名，但推斷爲謝氏撰稿。
28	探討土地政策	臺灣民報第 168 號	1927 年8 月 7 日	
29	臺灣の農民運動	臺灣民報第 170 號	1927 年8 月 21 日	
30	田中內閣的對華政策	臺灣民報第 171 號	1927 年8 月 28 日	
31	田中內閣的對華政策（二）	臺灣民報第 172 號	1927 年9 月 4 日	
32	田中內閣的對華政策（三）	臺灣民報第 174 號	1927 年9 月 18 日	
33	總督腐評議員的身分調查	臺灣民報第 175 號	1927 年9 月 25 日	
34	民眾黨は如何に戰ふべきか（其一）	臺灣民報第 178 號	1927 年10 月 16 日	
35	民眾黨は如何に戰ふべきか（其二）	臺灣民報第 180 號	1927 年10 月 30 日	
36	現在の農民運動	臺灣民報第 181 號	1927 年11 月 6 日	
37	列寧主義和孫文主義	臺灣民報第 183 號	1927 年11 月 20 日	1928 年在臺北民眾講座舉行孫文追悼大會，講演「列寧與孫中山」，此作可能爲演講稿。
38	奪回民權	臺灣民報第 189 號	1928 年1 月 1 日	
39	法律道德的破壞者	臺灣民報第 209 號	1928 年5 月 20 日	
40	共學制與我們	臺灣民報第 221 號	1928 年8 月 12 日	

編號	發表作品篇目	發表之刊物	時間	備　註
41	似是而非的自治制之眞面目	臺灣民報第 226 號	1928 年9 月 16 日	1928 年 4 月，會見上山總督，提出「地方自治改革建議書」，此作應爲抒發對結果之不滿。
42	孫文主義和新政治組織	臺灣民報第 229 號	1928 年10 月 7 日	
43	國民黨的農民政策	臺灣民報第 243 號	1929 年1 月 13 日	
44	旅人の眼鏡（一）	臺灣民報第 263 號	1929 年6 月 2 日	1929 年 5 月 4 日經日本往中國旅行。6 月 1日，與王鐘麟代表臺灣民眾黨參加南京中山陵葬儀式。6 月 26 日自廈門返回臺灣。
45	旅人の眼鏡（二）	臺灣民報第 263 號	1929 年6 月 9 日	
46	孫總理奉安拜觀記（一）	臺灣民報第 265 號	1929 年6 月 16 日	
47	孫總理奉安拜觀記（二）	臺灣民報第 266 號	1929 年6 月 23 日	
48	孫總理奉安拜觀記（三）	臺灣民報第 267 號	1929 年6 月 30 日	
49	孫總理奉安拜觀記（四）	臺灣民報第 268 號	1929 年7 月 7 日	
50	旅人の眼鏡（三）	臺灣民報第 269 號	1929 年7 月 14 日	
51	旅人の眼鏡（四）	臺灣民報第 270 號	1929 年7 月 21 日	
52	中俄紛爭	臺灣民報第 271 號	1929 年7 月 28 日	
53	旅人の眼鏡（五）	臺灣民報第 271 號	1929 年7 月 28 日	
54	旅人の眼鏡（六）	臺灣民報第 272 號	1929 年8 月 4 日	
55	旅人の眼鏡（七）	臺灣民報第 273 號	1929 年8 月 11 日	

編號	發表作品篇目	發表之刊物	時間	備　註
56	旅人の眼鏡（八）	臺灣民報 第 274 號	1929 年 8 月 18 日	
57	旅人の眼鏡（九）	臺灣民報 第 275 號	1929 年 8 月 25 日	
58	劇本〈政治家は國を我物と思ふ〉	臺灣民報 第 276 號	1929 年 9 月 1 日	
59	旅人の眼鏡（十）	臺灣民報 第 276 號	1929 年 9 月 1 日	
60	旅人の眼鏡（十一）	臺灣民報 第 277 號	1929 年 9 月 8 日	
61	要求調整產業政策	臺灣民報 第 277 號	1929 年 9 月 8 日	
62	旅人の眼鏡（十二）	臺灣民報 第 278 號	1929 年 9 月 22 日	
63	旅人の眼鏡（十三）	臺灣民報 第 280 號	1929 年 9 月 29 日	
64	應覺醒的臺灣外出商人	臺灣民報 第 281 號	1929 年 10 月 6 日	
65	旅人の眼鏡（十四）	臺灣民報 第 282 號	1929 年 10 月 13 日	
66	旅人の眼鏡（十五）	臺灣民報 第 283 號	1929 年 10 月 20 日	
67	官吏減薪	臺灣民報 第 283 號	1929 年 10 月 20 日	
68	旅人の眼鏡（十六）	臺灣民報 第 285 號	1929 年 11 月 3 日	
69	政友會的新政策	臺灣民報 第 285 號	1929 年 11 月 3 日	
70	旅人の眼鏡（十七）	臺灣民報 第 286 號	1929 年 11 月 10 日	
71	旅人の眼鏡（十八）	臺灣民報 第 287 號	1929 年 11 月 17 日	

編號	發表作品篇目	發表之刊物	時間	備　註
72	警官的素質問題	臺灣民報第287號	1929年11月17日	
73	旅人の眼鏡（十九）	臺灣民報第288號	1929年11月24日	
74	旅人の眼鏡（二十）	臺灣民報第289號	1929年12月1日	
75	地方長官會議和我們	臺灣民報第290號	1929年12月1日	
76	解散 總選舉 我們	臺灣民報第291號	1929年12月15日	
77	改變鴉片政策	臺灣民報第292號	1929年12月22日	致電國際聯盟，反對總督府再特許吸食鴉片兩萬五千名。並向石井警務局提出抗議書。
78	臺灣農民的命運	臺灣民報第292號	1929年12月22日	
79	馬賊と大豆粕及び張作霖で有名な滿洲（上）	臺灣民報第294號	1930年1月1日	
80	馬賊と大豆粕及び張作霖で有名な滿洲（中）	臺灣民報第295號	1930年1月11日	
81	馬賊と大豆粕及び張作霖で有名な滿洲（下）	臺灣民報第296號	1930年1月18日	
82	臺灣日日新報の社長河村主筆谷河兩氏に與ふ	臺灣民報第303號	1930年3月8日	
83	協議員改選に如何に處すべきか	臺灣新民報第329號	1930年9月6日	
84	協議員比率問題研究（上）	臺灣新民報第335號	1930年10月18日	
85	協議員比率問題研究（中）	臺灣新民報第336號	1930年10月25日	
86	協議員比率問題研究（下）	臺灣新民報第337號	1930年11月1日	
87	最妙的總會對策	《臺灣人は斯く觀る》	1930年1月	
88	所謂的清明政治			

編號	發表作品篇目	發表之刊物	時間	備　註
89	薪俸預算和本島人的地位			
90	臺灣茶商權的前途			
91	墓地爭議			
92	《臺灣人の要求》	臺灣新民報社	1931 年9 月 5 日	
93	《洪水報》	創刊號	1931 年	目前僅於政大臺文所得創刊號。
94	民國だより愛國的チヤナリズム其の害毒は大	臺灣新民報第 396 號	1932 年1 月 1 日	
95	民國だより	臺灣新民報第 397 號	1932 年1 月 9 日	
96	上海便り	臺灣新民報第 398 號	1932 年1 月 16 日	
97	民國便り	臺灣新民報第 400 號	1932 年1 月 30 日	
98	民國便り	臺灣新民報第 401 號	1932 年2 月 6 日	
99	戰爭の巷上海便り	臺灣新民報第 403 號	1932 年2 月 20 日	
100	九一八事變後日本之概觀	自強月刊第 1 卷第 1 期	1932 年10 月 1 日	1931 年 12 月謝春木前往上海。1932 年成立「華聯通訊社」。
101	日領事會議的結果如何？是廣田外交政策樹立的表示，是日本決定對華方針的關鍵	中外論壇第 1 期	1935 年5 月 9 日	
102	日本的國際通訊戰（上）	中外論壇第 1 期	1935 年5 月 9 日	屬名「南陽」。
103	日本的國際通訊戰（中）	中外論壇第 2 期	1935 年5 月 16 日	屬名「南陽」。
104	軍備競爭白熱化與大戰	中外論壇第 2 期	1935 年5 月 16 日	屬名「風」。
105	日本的國際通訊戰（下）	中外論壇第 3 期	1935 年5 月 23 日	屬名「南陽」。

編號	發表作品篇目	發表之刊物	時間	備　註
106	中暹關係展望	中外論壇 第 3 期	1935 年 5 月 23 日	1935 年創辦《中外論壇》。
107	華僑與白俄	中外論壇 第 6 期	1935 年 6 月 13 日	
108	冤獄與索賄	中外論壇 第 6 期	1935 年 6 月 20 日	
109	日本經濟的新局面	中外論壇 第 7 期	1935 年 6 月 20 日	
110	老鼠會議與帝國主義	中外論壇 第 7 期	1935 年 6 月 20 日	
111	日制「東亞聯邦」與世界三分論	世界知識 第 8 卷第 10 期	1938 年 11 月 6 日	1938 年 10 月任職軍事委員會國際問題研究所。
112	中國抗戰與臺灣革命	中國青年 第 1 卷第 4 號	1939 年 10 月 20 日	1939 年 3 月 29 日由香港到重慶，進入國際問題研究所的本部。
113	臺灣反帝運動的新階段——爲「六一七」紀念作	臺灣先鋒 第 4 期	1940 年 8 月 15 日	
114	米內內閣與日本政治的前途	中國青年 第 2 卷	1941 年	
115	論中日通貨戰爭	中農月刊 第 11 期	1941 年	
116	臺灣民主國的成立及其意義	臺灣先鋒 第 6 期	1941 年 1 月 15 日	
117	德國攻勢的特點與日寇的躊躇	中央日報 第 6 版	1941 年 3 月 15 日	
118	我們的臺灣革命陣線	中央日報 第 6 版	1941 年 6 月 18 日	
119	松岡洋右上當了	日本評論 第 2 期	1941 年 6 月 26 日	
120	日本大政翼贊會的黑幕	日本評論 第 3 期	1941 年 7 月	
121	日寇御前會議與參戰問題	中央日報 第 5 版	1941 年 7 月 19 日	

編號	發表作品篇目	發表之刊物	時間	備　註
122	東京泰越和議與倭寇的南進	日本評論 第 4 期	1941 年 8 月	
123	近衛內閣之剖視	日本評論 第 7 期	1941 年 11 月	
124	倭經濟新體制及其前途	戰時日本 第 3～5 期	1941 年 12 月	
125	臺灣革命的現階段	戰時日本 第 3～5 期	1941 年 12 月	
126	日寇新體制與其舊人物	戰時日本 第 3～5 期	1941 年 12 月	
127	再談「東京政權」的內訌	戰時日本 第 3～5 期	1941 年 12 月 10 日	
128	收復臺灣與保衛祖國	重慶 中央日報 福建版	1942 年 6 月 17 日	
129	東條內閣與太平洋戰爭	改進 第 5 卷第 9 期	1942 年 11 月	
130	日本臨時會議的總結算	改進 第 5 卷第 10 期	1942 年 12 月	
131	太平洋戰爭的展望	改進 第 5 卷第 11 期	1943 年 1 月	
132	日本工業之發展及其停頓	天下文章	1943 年 3 月	
133	臺灣的民族運動	臺灣問題言論集 第 1 集	1943 年 9 月	
134	臺灣問題言論集第一集序文	臺灣問題言論集 第 1 集	1943 年 9 月 12 日	
135	東條內閣的行政整理	東方雜誌 第 39 卷第 17 號	1943 年 10 月	
136	東條怎樣展開大戰	國訊旬刊 第 348 期	1943 年 10 月 5 日	

編號	發表作品篇目	發表之刊物	時間	備　註
137	東條怎樣展開決戰	國訊旬刊第352期	1943年11月15日	
138	美・英・印・埃輿論界一致讚揚開羅會議	中央日報第2版	1943年12月4日	
139	加緊組織敵徒武力，建立三民主義新臺灣	中央日報第2版	1943年12月4日	
140	太平洋戰爭下的臺灣情勢	重慶大公報星期論文	1944年4月17日	
141	應該怎樣收復臺灣	東南海第1期	1944年5月	
142	評論集《日本主義的沒落》	國民圖書出版社	1944年6月	
143	日人統治下之臺灣經濟	貿易月刊第6期	1944年6月	
144	臺灣在太平洋戰爭中的戰略地位	東南海第3~4期	1944年7~8月	
145	怎樣建設光復後的新臺灣	東南海第6期	1944年10月	
146	日人統治下之臺灣經濟	貿易月刊第11期	1944年11月	
147	由天地會到臺灣民主國	東南海第8期	1944年12月	
148	日本的和平試探	前線第5期	1945年	
149	臺灣的光復與重建	新中國第5期	1945年	
150	制定臺灣省憲	臺灣民聲報創刊號	1945年4月16日	
151	用血汗洗刷馬關條約的恥辱	臺灣民聲報第2期	1945年5月1日	1945年4月17日，在重慶國際廣播電臺播講稿。
152	最後的「六一七」紀念日	臺灣民聲報第5期	1945年6月16日	

編號	發表作品篇目	發表之刊物	時間	備　　註
153	對第四屆國民參政會的期望	臺灣民聲報第 6 期	1945 年7 月 1 日	
154	光明普照下的臺灣	臺灣民聲報第 9〜10 期	1945 年10 月 7 日	
155	光復後的新臺灣（上）	民報	1946 年1 月 31 日	
156	光復後的新臺灣（下）	民報	1946 年2 月 1 日	
157	日本總選舉見聞記	中央日報第 3 版	1946 年4 月 23 日	
158	戰後日人生活狀態（上）	民報	1946 年6 月 29 日	
159	戰後日人生活狀態（下）	民報	1946 年6 月 30 日	
160	日本的婦女運動	中央日報第 5 版	1946 年7 月 4 日	
161	日本「希望美國統治五十年」，臺灣青年應該參加祖國建設	民報	1946 年9 月 12 日	
162	為民主政治而奮鬥	民報	1946 年9 月 12 日	
163	民主政治與民主作風	民報	1946 年9 月 13 日	
164	民主與建設	民報	1947 年1 月 5 日	
165	專論：美國對日政策	寧波日報	1949 年5 月 18 日	
166	歸國華僑知識分子投入偉大祖國建設	人民日報	1957 年5 月 9 日	1952 年經香港返回大陸，在福建省從事對臺廣播。此文為與吳益修、陳宗基、吳桓興在人大會上聯合發言。
167	祖國人民支持你們	人民日報第 2 版	1957 年5 月 29 日	

編號	發表作品篇目	發表之刊物	時間	備　註
168	只有通過友好協商才能眞正解決華僑雙重國籍問題	人民日報	1960 年 4 月 15 日	1959 年被選爲第二屆全國人民代表大會華僑代表。此文爲與吳益修、陳宗基聯合發言。
169	池田訪美的背景和展望	大公報	1961 年 6 月 22 日	1961 年 5 月簽署日中友好協會與對外文化協會的共同聲明。
170	日美會談後池田政府的動向	大公報	1961 年 8 月 23 日	
171	池田政府重新染指臺灣和南朝鮮的陰謀	大公報	1961 年 11 月 5 日	
172	美日勾結的一個新步驟	大公報	1962 年 5 月 6 日	
173	「日韓會談」十年	大公報	1962 年 5 月 26 日	
174	日本右翼社會民主主義者在爲誰搖旗吶喊	大公報	1962 年 10 月 22 日	
175	日美矛盾的現階段	世界知識第 10 期	1963 年 5 月	

二、《臺灣民報》體系所載劇本一覽

編號	作者	篇目	發表日期	備　註
1－1	胡適	終身大事（上）	大正 12 年 4 月 15 日第 1 號	
1－2		終身大事（下）	大正 12 年 5 月 1 日第 2 號	
2	張梗（群山）	屈原	大正 13 年 8 月 1 日第 2 卷第 14 號	吳海水劉美珠新婚紀念
3	胡適	說不出	大正 14 年 5 月 11 日第 3 卷第 14 號	
4－1	武者小路實篤	愛慾	大正 15 年 2 月 28 日第 94 號	張我軍譯
4－2		愛慾	大正 15 年 3 月 7 日第 95 號	

編號	作者	篇目	發表日期	備　註
5	桃心	我不自由	昭和 2 年 9 月 4 日第 172 號	民鐘報轉載
6－1	汪靜之	新時代的男女	昭和 2 年 12 月 4 日第 185 號	山朝轉載
6－2		新時代的男女（二）	昭和 2 年 12 月 11 日第 186 號	
6－3		新時代的男女（三）	昭和 2 年 12 月 18 日第 187 號	
6－4		新時代的男女（四）	昭和 2 年 12 月 25 日第 188 號	
7－1	少嵒	櫻花落（一）	昭和 3 年 1 月 22 日第 192 號	贈東京礦溪會諸兄
7－2		櫻花落（二）	昭和 3 年 2 月 29 日第 193 號	
7－3		櫻花落（三）	昭和 3 年 2 月 5 日第 194 號	
7－4		櫻花落（四）	昭和 3 年 2 月 12 日第 195 號	
8－1	青釗	巾幗英雄（上）	昭和 3 年 6 月 3 日第 211 號	1928 年 4 月 30 日脫稿於首都學府
8－2		巾幗英雄（下）	昭和 3 年 6 月 10 日第 212 號	
9－1	吳江冷	平民的天使（上）	昭和 3 年 7 月 29 日第 219 號	
9－2		平民的天使（下）	昭和 3 年 8 月 5 日第 220 號	
10－1	炎華	蜜月旅行（上）	昭和 3 年 9 月 9 日第 225 號	婦女雜誌轉載
10－2		蜜月旅行（下）	昭和 3 年 9 月 16 日第 226 號	
11	逢秋	反動	昭和 3 年 11 月 18 日第 235 號	
12－1	青釗	蕙蘭殘了（一）	昭和 4 年 3 月 3 日第 250 號	獻給 Dear Mo. 1929.2.28 南京中央大

編號	作者	篇目	發表日期	備　註
12－2		蕙蘭殘了（二）	昭和4年3月10日第251號	學
12－3		蕙蘭殘了（三）	昭和4年3月17日第252號	
12－4		蕙蘭殘了（四）	昭和4年3月24日第253號	
12－5		蕙蘭殘了（五）	昭和4年3月31日第254號	
13	未屬名	政治家は國を我物と思ふ	昭和4年9月1日第276號	收於謝春木《臺灣人如斯觀》（日語）
14－1	丸楠禮仁	阿片（上）	昭和6年8月28日第379號	シナリオ（映畫腳本）（日語）
14－2	丸楠禮仁	阿片（下）	昭和6年9月7日第380號	

三、謝春木《新興中國見聞記》所記交往人物列表

人物	頁碼	備　　註
丁先生	152	前往日本的船艙室友。
H律師	156	在日本遇久未見面的律師友人。
三浦主筆	158	日本《經濟新報》主筆。
林澄水	178、181	國民製糖公司，廈門英華書院，伴遊上海、南京。
川崎氏	172	《讀賣新聞》上海特派員。
船津辰一郎	172	上海日本紡織聯合會會長，前上海總領事、工部局日本理事。
彭華英	178、181	
藍君	179	
邱木	181	與林鶴壽創設鶴林株式會社。
林伯壽	181	
楊海盛	181	林本源柏記產業株式會社支配人。

人物	頁碼	備　　　　註
林伯灶	181	譯爲林伯灶，但從飯桌友人關係推測，應是林伯奏。三井物產供職。
陳江浦	181	《臺灣日日新報》漢文部記者。
吳文秀	181	應是舞廳認識的舞友。
林君	184	香港大學機械科畢業　南洋鐵路技師　林佑訓之弟。
山東法院院長	184	林澄水廈門英華書院校友，福州協和大學畢業。
S 兄	194	南京伴遊人，後文記 S 兄夫妻新婚。
蘇樵山	196	南投埔里人，南京樵山醫院院長，《臺灣新民報》專務羅萬俥好友。
游柏	199	臺北金包里人，國語學校畢業，留日後於南京教日語。
華先生	200	中國儲蓄銀行無錫支行長
華先生三公子	202	漢口麵粉廠總工程師
詹先生	210	虎丘偶遇。
陳君	214	陪同遊杭州，應是陳江浦。
楊燧人	240	臺南人，哈爾濱中華醫院院長。
梁宰	250	臺南新化街人，基督徒，撫順滿鐵醫院醫生，司機是朝鮮人。其兄爲梁道，應爲謝春木舊識。
重光葵	263	上海總領事，此時矢田七太郎被召回外務省。
藤田榮介	263	青島總領事。
林久治郎	264	奉天總領事。

說明：根據謝南光《謝南光著作選（上）》之頁碼，順序依照與友人首次會面之時間點排列。

四、1929 年謝春木〈政治家は國を我物と思ふ〉於《臺灣民報》首刊

来源：〈政治家は國を我物と思ふ〉，《台灣民報》第 276 號，1929 年 9 月 1 日。

五、謝春木〈政治家は國を我物と思ふ〉中譯文

國有財產即我家財產──不信者請翻開古書

第一幕

　　　　地點：蘭陽地方

　　　　時間：昭和三年秋

　　　　出場人物：鋸木工（甲、乙、丙）、木材製造監督技師

木工甲　多漂亮的扁柏！眞想享受一下用它建造的豪華宮殿。

木工乙　連一個小節都沒有，眞的高檔貨呵。

木工丙　在這種木材建造的宮殿裡，哪怕住上一宿，死了也不冤枉。

木工甲　你這個人好像很想死（四）。

木工乙　你這傢伙爲何說不吉利的話？

木工丙　是什麼原因，要想死？

木工甲　都是死，說是想要（四）死、（四）死、（四）石。

木工乙丙　哈哈哈哈，你眞會開玩笑。

木工甲　噓！監工來了。

木工乙　頭頭！製成這麼高級的木材，幹什麼用呀？

木工丙　買這木料的那個主是誰呀？我想看一看那個了不起的大富翁。

監工　不，這是運往東京的，爲了宣傳台灣，所以叫你們這些有工夫的人來幹。

木工甲　這不是要建房子用嗎？

監工　我不曉得。

木工乙　看上去像是要建房子。

木工丙　建房子，誰去呀？我去當看守行嗎？

監工　別嚷了！快幹活！否則，趕不及了。

木工們　哎！遵命。

〔監工下〕

木工乙　你侄子被警察抓去，出來沒有呵？

木工甲　沒有！並不只我的侄子一人，大部分的村民，三、四十名被綁在一起
　　　　帶走了。

木工丙　到底是因爲什麼？

木工甲　村民們以往從後山撿拾柴禾到街市上去販賣；有的去懸崖上挖樹根，

製成各式各樣的玩藝去市場上賣，以此勉強度日。但在不知不覺中，那座山變成國有了。最近林營所向警察狀告村民是賊。

木工乙　那太過分了！一直屬於村裡的東西，屁都不放一個就變成國有了，真是蠻不講理！

木工丙　因為一個枯枝被投進監獄。太過份了！

木工甲　噓！頭頭來了。

第二幕

　　地點：基隆

　　時間：昭和三年冬

　　出場人物：驛夫、苦力、航船公司的貨物員、貨物主任

貨物主任　喂，從西運來的木材到了嗎？

驛夫甲　是堆滿了二十一台貨車的那個。

驛夫乙　是免收運費的傢伙！

貨物主任　應該有四四四石。

驛夫甲　好傢伙！老兄，多麼高級的扁柏呵！

驛夫乙　從未見過這麼漂亮的板木，連一點小節都沒有。

驛夫甲　那上面全是直木紋。

貨物主任　哎，船公司的貨物員來了。

貨物員　哎，先生，裝「矢蜘蛛丸」的貨來了嗎？

貨物主任　你說什麼？

貨物員　那位××閣下的私用柏木。

驛夫甲　一共四四四石的扁柏。

貨物員　對！對！

驛夫乙　二十一台的，這就是。

貨物主任　喂，苦力！貨物在這裡，快幹！到年底必須運到東京。

〔來了數十名苦力〕

苦力甲　你父親放出來了沒有呵？

苦力乙　沒有！我們的山不知不覺中變為國有，父親被抓走，母親又病了，家裡揭不開鍋了。不得已，我來此做苦力。

苦力丙　帶走了多少人？

苦力乙　三、四十名。

苦力丙　犯了什麼罪？

苦力甲　因爲拾柴禾，被狀告爲小偷。

貨物員　喂！爲什麼不快點幹？渾蛋！

苦力甲　我們好可憐！再也不願生出來做苦力了。

苦力乙　沒有辦法啦。

苦力丙　還是當官好。

苦力甲　有地位。

苦力乙　一當大官國家好像就變成自己的了。眞是了不得！

貨物員　喂！還不快幹？趕不及就麻煩了，混帳東西！

（終）

來源：謝南光：《謝南光著作選（上）》，臺北：海峽學術，1999 年 2 月，頁 120～124。

六、謝春木於臺北師範學校學籍簿之一

35

生徒學籍簿

來源：國立台北教育大學教務處。

七、謝春木於臺北師範學校學籍簿之二

生　徒　學　籍　簿

學科目	第一學年				第二學年				第三學年				第四學年				卒業成績
	第一學期	第二學期	第三學期	學年成績	第一學期	第二學期	第三學期	學年成績	第一學期	第二學期	第三學期	學年成績	第一學期	第二學期	第三學期	學年成績	

来源：國立台北教育大學教務處。

八、1920 年代初日本東京車站周邊地圖

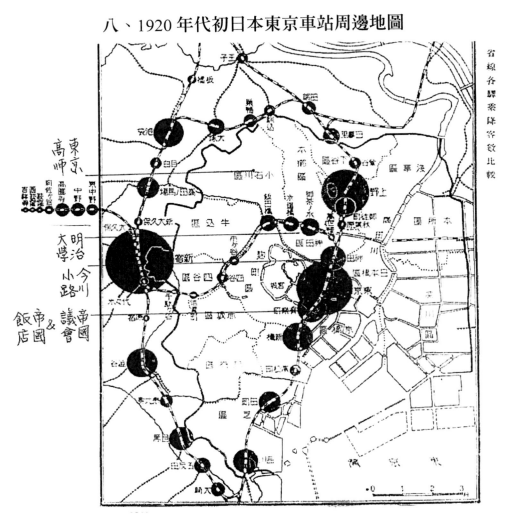

來源：山本三生：《日本地理大系・大東京篇》，東京：改造社，1930 年 4 月 20 日，頁 31。

九、1930年代初上海謝春木相關蹤跡地圖

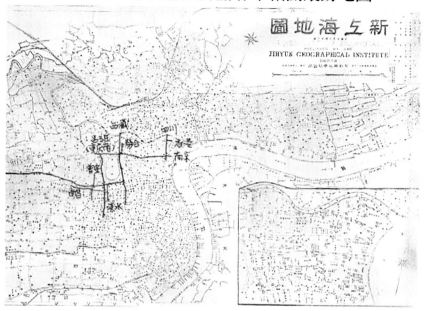

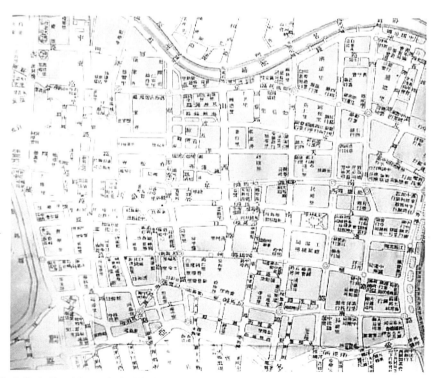

來源：蘇甲榮編製：〈新上海地圖〉（1：20000 51*74cm），上海：日新與地學社，1931年4月。

十、上海《中外論壇》創刊號發刊詞

創刊號

中外論壇

（週刊）民國二十四年五月九日出版

發刊詞

來源：謝南光：《中外論壇》，上海：中外論壇社，1935 年 5 月 9 日。

十一、謝春木生平簡表

年份	經　　歷	備　　註	歲
1902	2 月 13 日，出生於彰化縣芳苑鄉路上村平上巷九號。	農曆一月初六。	1
1905	父親過世。		4
1912	入學「二林公學校」。	1917 年畢業。	10
1917	入學「國語學校師範部」。	1919 年「國語學校」改名「臺北師範學校」。1921 年畢業。	15
1921	入學「東京高等師範學校教育法制經濟系」。	1925 年畢業，進入該系高等科。	19
1922	5 月發表日文小說〈彼女は何處へ〉。	筆名「追風」。	20
1923	暑假定期返臺擔任「文化演講團」代表。	至 1926 年。	21
1924	4 月發表日文新詩〈詩の眞似する〉。	筆名「追風」。	22
1925	接任《臺灣民報》編輯。	10 月「二林事件」。	23
1927	2 月派任《臺灣民報》臺南通信部主任。	1 月文協分裂。	25
	5 月與東京女子醫專出身的蔡彩雪結婚。		25
1929	5 月與王鍾麟等人以臺灣民眾黨代表身分參加孫文的南京奉安祭。		27
	6 月 27 日起，不定期連載中國遊記〈旅人の眼鏡〉。		
	9 月發表劇本〈政治家は國を我物と思ふ〉。	並未屬名謝春木或追風。	
1930	出版評論集《臺灣人は斯く觀る》。		28
1931	出版評論集《臺灣人の要求》。		29
	7 月二次前往中國旅行。	9 月回臺。離台期間，蔣渭水病逝。	

年份	經　　歷	備　　註	歲
1931	12 月攜眷移居上海，仍任《臺灣新民報》的通訊員。		29
1932	10 月署名「謝南光」發表文章，創辦「華聯通訊社」	1 月爆發「一二八事變」。	30
1934	與陳菊仙以臺灣中華總會館中央執行委員會名義保釋張錫祺。		32
	在青海成立中日合資商社，作為羊毛掮客。		
1935	5 月創辦《中外論壇》雜誌。		33
	8 月國民黨以共黨罪名逮捕謝南光。		
1936	7 月 1 日，創辦《時代智識》雜誌。	廣東軍人楊贊協助。	34
	日本領事警察以「從事非法秘密活動」逮捕。	16 日安全抵上海，可能是李萬居營救。	
1937	透過李萬居認識王芃生。	8 月蔣介石受命王芃生成立「國際問題研究所」，屬軍委會。	35
	8 月被王芃生派往香港。		
1939	3 月回重慶，任情報工作。	一度化名「夏南陽」。	37
1941	11 月起，任福建省政府秘書長、外交僑務、農林公司協理。	至 1943 年 4 月。	39
1943	建議行政院內政部籌備臺灣設省，參加國民黨中央黨團訓練班第 25 期。	曾任講師，體檢報告健康。	41
1944	出版評論集《日本主義的沒落》。		42
1945	受王芃生推薦入「盟軍對日委員會中國代表團」。	二戰結束。王芃生去世，國研所撤廢。	43
1946	4 月前往日本工作。	6 月回到上海。	44
	9 月 7 日，返臺。先南下臺南，再回彰化，後至台北演講。	14 日離臺。	
	出版評論集《敗戰後日本真相》。		

年份	經　　歷	備　　註	歲
1947	1 月 5 日，發表〈民主與建設〉。	2 月爆發「二二八事件」。	45
1950	離開代表團，加入「日中友好協會」，爲「天德貿易有限公司」負責人。		48
1952	5 月 2 日，銀座交詢社發表演講，後經香港前往中國福建，從事對臺廣播工作。		50
1954	以「特別招待人」身份出席政治協商會議。		52
1956	2 月任中國亞洲團結委員會委員。		54
1959	當選第二屆全國人民代表大會華僑代表。		57
1969	7 月 26 日，因心臟病病逝北京。	1967 年文革。	67

參考書目

壹、謝氏文集

1. 謝春木:《臺灣人は斯く觀る》,臺北:臺灣民報社,1931 年 1 月。
2. 謝春木:《臺灣人の要求》,臺北:臺灣新民報社,1931 年 9 月 5 日。
3. 謝南光:《日本主義的沒落》,臺北:國民圖書,1944 年 1 月 1 日。
4. 謝南光:《敗戰後日本真相》,臺北:民報印書館,1946 年 10 月 10 日。
5. 謝南光:《謝南光著作選》,臺北:海峽學術,1999 年 2 月。

貳、文獻史料

報紙與雜誌

1.《中外論壇》1～3、5～8 期,上海:中外論壇社,1935 年 5 月 9 日～6 月 27 日,中國國家圖書館藏。
2.《中央日報》(1928～1949)光碟,北京:中國教育圖書,1996 年。
3.《民報》(1946 年 7～12 月),中央圖書館臺灣分館。
4.《東南海》1～9 期,重慶:東南海,1944 年 5 月 30 日～1945 年 2 月,中國國家圖書館館藏。
5.《臺灣》(1922～1923),臺北:東方文化書局覆刻,1974 年。
6.《臺灣日日新報》電子版(1898～1944),臺北:漢珍數位,2005 年。
7.《臺灣民報》(1923～1930),臺北:東方文化書局覆刻,1974 年。
8.《臺灣新民報》(1930～1932),臺北:東方文化書局覆刻,1974 年。
9. 謝春木、白成枝編:《洪水報》創刊號,政大百年樓館藏。

作家文集與名人傳記

1. 《臺灣歷史人物小傳——明清暨日據時期》，臺北：國家圖書館，2003 年 12 月。

2. 太田秀穗氏還曆祝賀會編：《太田秀歲氏還曆紀念文集》，東京：文化書房，1935 年。

3. 王白淵著、陳才崑譯：《王白淵‧荊棘的道路》，彰化：彰化縣立文化中心，1995 年 6 月。

4. 王炳根：《世紀情緣：冰心與吳文藻》，合肥：安徽人民，2000 年。

5. 丘念臺：《嶺海微飆》，臺北：中華日報，1962 年。

6. 朱昭陽口述；林忠勝撰述：《朱昭陽回憶錄：風雨延平出清流》，臺北：前衛，1994 年。

7. 李玲虹、龔晉珠主編：《臺灣農民運動先驅者——李偉光》，臺北：海峽學術，2007 年

8. 杜聰明：《回憶錄（上）》，臺北：龍文出版社，1989 年。

9. 翁曉波、梁汝雄：《宋斐如文集》，臺北：海峽學術，2006 年。

10. 張瑞成編：《臺籍志士在祖國復臺的努力》，臺北：國民黨黨史會，1990 年。

11. 張漢裕編：《蔡培火全集》，臺北：吳三連臺灣史料基金會，2000 年 12 月。

12. 陳逸松：《陳逸松回憶錄》，臺北：前衛，1994 年。

13. 陳爾靖編：《王芃生與臺灣抗日志士》，臺北：海峽學術，2005 年 12 月。

14. 曾顯章：《張維賢》，臺北：臺北藝術大學，2003 年 7 月。

15. 楊國光：《一個臺灣人的軌跡》，臺北：人間，2001 年。

16. 楊肇嘉：《楊肇嘉回憶錄》，臺北：三民，1967 年。

17. 楊錦麟：《李萬居評傳》，臺北：人間，1993 年。

18. 臺灣革命同盟會主編：《臺灣問題言論集》第 1 集，重慶：國際問題研究所，1943 年。

19. 蔣朝根：《蔣渭水留真集》，臺北：北市文獻會，2006 年。

公文書與報告

1. 〈B02031442800‧臺灣人關係雜件〉，1927 年 3 月 29 日～1929 年 7 月 1 日，亞洲歷史資料中心：http://www.jacar.go.jp/。

2. 〈B02031446700‧臺灣人發行ノ新聞、雜誌其他刊行物關係〉，1934 年 3 月 21 日～1938 年 8 月 20 日，亞洲歷史資料中心：http://www.jacar.go.jp/。

3. 〈B08061340100‧帝國、諸外國間合弁事業關係雜件〉，亞洲歷史資料中心：http://www.jacar.go.jp/。

4. 〈002－080200－00190－120‧謝南光等呈蔣中正為張錫祺受冤被株累久陷懇乞賜電保釋〉，國史館館藏。

5. 〈002－080200－00335－029‧保密局呈蔣中正臺灣獨立運動由來及地下組織領導人與其活動及國際間情勢之關係並陳因應措施等〉，國史館館藏。

6. 〈002－080200－00344－035‧唐縱等呈蔣中正華人在日所辦報紙華僑民報業已查封國際新聞及新華報為匪在日之機關報宣傳反動應予打擊或清除內部匪幫份子等〉，國史館館藏。

7. 〈129000021884A‧軍事委員會侍從室‧謝南光〉，國史館館藏。

8. 《內政部關於議復謝南光建議籌備臺灣省與行政院來往文件（1943 年 12 月 29 日～1944 年 2 月 3 日）》，陳雲林編《館藏民國臺灣資料彙編‧第十六冊》，北京：九州，2007 年。

其他

1. 《上海市年鑑》，臺北：國圖複印，1980 年。

2. 《臺灣教育會雜誌》，臺北：臺北教育會，1901～1912 年。

3. 《臺灣總督府學事年報》，臺北：臺灣總督府，1918～1919 年。

4. 臺北師範學校：《臺北師範學校創立三十周年記念寫真帖》，臺北：臺北師範學校，1926 年。

5. 臺灣教育會：《臺灣教育沿革誌》，臺北：臺北教育會，1939 年。

6. 謝森林：《寶樹堂謝氏閤族譜（臺灣彰化）》，美國猶他州鹽城湖：美國猶他家譜學會複製，2004 年。

參、相關研究

專書

1. George Kerr，陳榮成譯：《被出賣的臺灣》，臺北：前衛，1991 年 5 月。

2. 方孝謙：《殖民地臺灣的認同摸索》，臺北：巨流，2001 年。

3. 日中友好協會（正統）中央本部編：《日中友好運動史》，東京：青年，1975 年。

4. 王乃昌等譯：《臺灣社會運動史（1913～1936）》，臺北：創造，1989 年 6 月。

5. 王政文：《臺灣義勇隊：臺灣抗日團體在大陸的活動（1937～1945）》，臺北：五南。

6. 矢內原忠雄著，周憲文譯：《日本帝國主義下的臺灣》，臺北：海峽學術，2002 年 1 月。

7. 何義麟：《跨越國境線：近代臺灣去殖民化之歷程》，臺北：稻鄉，2006 年 1 月。

8. 吳文星：《日據時期臺灣師範教育之研究》，臺北：五南，2008 年。

9. 吳晟編：《彰化縣文學家的故事》，彰化：彰化縣文化局，2004 年。

10. 呂訴上：《臺灣電影戲劇史》，臺北：銀華，1961 年 9 月。

11. 孟樊：《後現代的政治認同》，臺北：揚智文化，2001 年。

12. 林美容：《彰化縣曲館與武館》，彰化：彰縣文化，1997 年。

13. 林國章：《民族主義與臺灣抗日運動（1985～1945）》，臺北：海峽學術，2004 年。

14. 邱坤良：《舊劇與新劇：日治時期臺灣戲劇之研究（1985～1945）》，臺北：自立晚報，1994 年 7 月。

15. 邱坤良：《昨自海上來──許常惠的生命之歌》，臺北：時報，1997 年 9 月。

16. 青山和夫：《謀略的熟練工》，日本：妙義，1957 年。

17. 施淑宜：《殖產方略──臺灣產業開發（1895～1945）》，臺北：臺灣傳承文化，2004 年 11 月。

18. 施嘉明編譯：《戰後日本政治外交簡史──戰敗至越戰》，臺北：臺北商務印書館，1979 年 10 月。

19. 施懿琳、楊翠合著：《彰化縣文學發展史》，彰化：彰化縣文化局，1997 年 5 月。

20. 柳書琴：《荊棘之道：旅日青年的文學活動與文化抗爭》，臺北：聯經，2009 年 5 月。

21. 翁佳音譯註：《臺灣社會運動史：勞工運動、右派運動》，臺北：稻香，1992 年 2 月。

22. 莊永明：《臺灣紀事》，臺北：時報，1989 年。

23. 許雪姬等：《臺灣歷史辭典》，臺北：行政院文建會，2006 年 9 月。

24. 許陽明：《媽媽的乳房》，臺北：圓神，2009 年 8 月。

25. 連溫卿，張炎憲、翁佳音編校：《臺灣政治運動史》，臺北：稻香，1988 年 10 月。

26. 陳芳明：《左翼臺灣：殖民地政治運動史論》，臺北：麥田，2006 年。

27. 陳室如：《近代域外遊記研究：1840～1945》，臺北：文津，2007 年。

28. 黃師樵：《臺灣共產黨秘史》，臺北：海峽學術，1999 年 9 月。

29. 葉榮鐘：《日據下臺灣政治社會運動史》，臺中：晨星，2008 年 8 月。

30. 葉榮鐘：《臺灣民族運動史》，臺北：自立晚報，1971 年。

31. 臺灣總督府警察局：《臺灣社會運動史》，東京：龍溪書舍，1973 年。

32. 劉其偉：《文化人類學》，臺北：藝術家，1994 年。

33. 劉崇稜：《日本近代文學概說》，臺北：三民，1997 年。

34. 蔡培火、吳三連：《臺灣民族運動史》，臺北：自立晚報，1987 年。

35. 謝金蓉編：《蔡惠如和他的時代》，臺北：臺大出版中心，2005 年。

36. 魏金絨：《芳苑鄉志‧歷史篇》，彰化：彰化縣芳苑鄉公所，1997 年。

37. 羅秀芝：《臺灣美術評論全集──王白淵卷》，臺北：藝術家，1999 年 5 月。

報紙與期刊論文

1. 文郎譯：〈日本人眼中的謝南光〉，《中聲晚報》，1952 年 8 月 17 日。

2. 木下一郎：〈謝南光（春木）氏の足跡〉，《日中》4 卷 9 期，1974 年。

3. 白雪蘭：〈由倪蔣懷與葉火城學生時代作品淺談國語學校與臺北師範學校之圖畫教育〉，《藝術家》42 卷 5 期，1996 年 5 月。

4. 朱雙一：〈從旅行（居）文學看彰化作家的民族認同和現代性接受──以日本和中國大陸經驗為中心〉，林明德主編《彰化文學大論述》，臺北：五南，2007 年 11 月 30 日。

5. 何義麟：〈被遺忘的半山──謝南光（上）〉，《臺灣史料研究》第 3 號，1994 年 2 月。

6. 何義麟：〈被遺忘的半山──謝南光（下）〉，《臺灣史料研究》第 4 號，1994 年 7 月。

7. 何義麟：〈《政經報》與《臺灣評論》解題──從兩份刊物看戰後臺灣左翼勢力之言論活動〉，臺灣舊雜志覆刻系列《新新》，1995 年。

8. 沈覲鼎：〈對日往事追記（19）〉，《傳記文學》29 卷 6 期，臺北：傳記文學，1976 年 12 月。

9. 林德政：〈抗戰期間臺籍人士在重慶的活動〉，《中國現代史專題研究報告》，第 22 輯，臺北：中華民國史料研究中心，2001 年 11 月。

10. 林德政：〈戰時旅居重慶的臺籍人士──以《東南海雜誌》的言論與影響為中心〉：《2002 年臺灣史學術研討會論文集》，南投：國史館臺灣文獻館，2002 年。

11. 胡錦媛：〈繞著地球跑（上）──當代臺灣旅行文學〉，《幼獅文藝》83 卷 11 期，1996 年 11 月。

12. 浩蕩：〈神秘人物謝南光〉，《星島晚報》，1952 年 7 月 21 日。

13. 康原：〈歌謠中的村莊歷史〉，《國立中央圖書館臺灣分館館刊》6 卷 2 期，1999 年 12 月。

14. 康原：〈臺灣新文學的實驗者謝春木先生〉，《國立中央圖書館臺灣分館館刊》6 卷 4 期，2000 年 6 月。

15. 張恆豪：〈追風及其小說〈她要往何處去〉〉，《國文天地》7 卷 5 期，1991 年 10 月。

16. 郭曉珺：〈歲月無聲人有情——專訪謝秋涵女士〉，《臺聲》12 期，2004 年。

17. 陳千武：〈臺灣新詩的演變〉，鄭炯明編《臺灣精神的崛起——「笠」詩論選集》，高雄：文學界雜誌，1989 年。

18. 陳富容：〈「孤兒」與「原鄉人」——吳濁流與鍾理和的大陸悲歌〉，《育達學院學報》，第 12 期，2006 年 12 月。

19. 新華社：〈美軍士兵槍殺劉自然事件始末〉，《人民日報》，1957 年 5 月 26 日。

20. 新華社：〈「我不願再到殺人者的領土」劉自然的妻子拒絕董顯光的無恥利誘〉，《人民日報》，1957 年 5 月 31 日。

21. 新華社：〈劉自然妻弟寫信鼓勵他姐姐奧特華 堅持愛國反美鬥爭到底〉，《人民日報》，1957 年 6 月 1 日。

22. 遠藤三郎：〈十二年ぶりの中國〉，《日中》2 卷 9 期。

23. 蕭水順：〈謝春木：臺灣新詩的肇基者——細論追風與臺灣新詩的終極導向〉，《彰化文獻》第 7 期，2006 年 8 月。

24. 戴國煇：〈霧社蜂起と中國革命〉，《境界人の獨白》，東京：龍溪書舍，1976 年。

25. 謝東漢：〈我的父親謝文達不為人知的二、三事〉，《中國時報》，1995 年 11 月 31、12 月 1〜2 日。

26. 謝秋涵：〈我的父親謝南光〉，《不能遺忘的名單——臺灣抗日英雄榜》，臺北：海峽學術，2001 年 12 月。

學位論文

1. 汪莉絹：《中共的對日政策》，臺北：政治大學東亞研究所碩士論文，1992 年 6 月。

2. 何義麟：〈臺灣知識人における植民地解放と祖國復歸——謝南光の人物とその思想を中心として〉，東京大學總合文化研究科國際關係論修士學位論文，1993 年。

3. 張雅惠：〈賴明弘及其作品研究〉，臺灣師範大學臺灣文化及語言文學研究所碩士論文，2007 年。

4. 陳允元：〈島都與帝都——二、三〇年代臺灣小說的都市圖象（1922～1937）〉，臺灣大學臺灣文學所碩士論文，2006 年。

5. 陳秋櫻：〈民族主義的性別意涵——以日據時代的臺灣島內民族主義爲例〉，中山大學政治所碩士論文，2002 年。

6. 謝明如：《日治時期臺灣總督府國語學校之研究（1896～1919）》，臺灣師範大學歷史所碩士論文，2007 年。

7. 羅詩雲：〈鬱達夫在臺灣：從日治到戰後的接受過程〉，政治大學臺灣文學所碩士論文，2008 年。